増補新版

親子が輝く モンテッソーリのメッセージ

子育ち・子育てのカギ

相良敦子
Atsuko Sagara

河出書房新社

はじめに

「家庭の教育力の低下」という言葉がしきりに使われる昨今。その原因は今の世の中の親子を取り巻く社会環境から生じているのではないでしょうか。

都市化が進んで、子どもたちが遊びたわむれるための場所が少なくなりました。核家族化で、子育てを助けてくれる人や子育てについて相談できる人がそばにいません。何もかも機械化され、ワンタッチで洗濯ができたり、ノータッチで水が出るので、子どもに教える必要がなくなりました。仕事や職場優先の風潮は広がるばかりで、子育てに真剣に向き合う精神的ゆとりをもつことができません。そんな社会環境に加えて、少子化が進む中で育ってきた若いお母さんやお父さんたちは、小さな弟妹の世話をした経験が少なく、どのように子どもに接すればよいのかわかりません。

幼児期は、「自然の法則」に沿って見る、聴く、触れる、味わう、嗅ぐなどの経験を思う存分しながら優れた感性を磨いていく時期ですが、今は室内で電子画面を見るだけ、電子音を聴くだけの時間ばかりが増えていき、五感を使う機会がほとんどありません。力一杯に体を動かしたり、曲芸のようにバランスをとって歩いたり、重いものをウンウンと言いながら持ち運んだり、両腕を使って掘り起こしたり、指先で細かな物を作ったりといった経験をすることが生涯にわたる心身の健康の土台になるというのに、そんな経験ができる機会も得られなくなりました。

このような社会環境で、「子育ち・子育て」がどんどん難しくなっている今、子どもに何をしてあげるのがよいのか、見極めがつかないお父さん、お母さんたちが多いのではないでしょうか。

こういう時代だからこそ、幼児期の子どもは、時代や文化の変化に左右されない「生命の法則」「自然のプログラム」に沿って成長するのだという単純な事実に注目し、それに基づいた「子どもの見方・たすけ方」を知ることが必要です。

1歳を過ぎて、「する!」「自分で!」と叫び始めるころから、人間は自然の力に促されて「自立したい」という深い願望をもち、一生懸命に努力し始めるのです。その叫びを受け止めて、小さな子どもが自分なりのベストを尽くして「自分ひとりでできるようになった!」という至上の喜びを味わえるようにしてあげたいものです。人間の「生きる喜び」は、ここが始まりなのです。

「生きる喜びに溢れた人生を送らせたい！」これこそが全ての親の願いであるはずです。ところが、幼児期に「生命の法則」を無視した援助をしたり、努力を強いると、その無理が後になって心の病の原因になったり無気力や横暴な性格を生み、親の苦しみが果てしなく続く結果にもなりかねません。

自然科学者（医者）であった幼児教育者のマリア・モンテッソーリという人は、「自然のプログラム」に沿って成長していく子どもを観察しながら、声にならない叫びを読み取りました。子どもがダダをこねるとき、子どもが黙々と同じことを繰り返しているとき、子どもが何かに集中しているとき、そのときどきの子どもの心の中にある願いや思いを正確に読み取りました。そして、その願いや思いに適切に応える環境や対応の仕方を見つけだしたのです。

本書には全部で21のメッセージがあります。メッセージが書かれたページの右側は、子どもの心の中にある叫びや願いを言葉にしたものです。左側は、それを受け止めて適切に対応するには、どうすればよいかというモンテッソーリのメッセージです。

子どもの声にならない心の中の願望を聞くことは、厳粛な自然からのメッセージを聞くことだとも言えましょう。モンテッソーリは、その自然からのメッセージを謙虚に聞き、子どもが生命の法則に沿って健やかに成長できるためにはどうすればよいかを見出しました。

このメッセージには、「子どもをどう見守るか」、「家庭で何を教えたらいいの？」と迷う人たちへの答えが書いてあります。これを知って実践するなら、大変だった子育てがぐんと楽になり、子どもの生命の本当の輝きに出会えるにちがいありません。

この本で、子育てのヒントを得て、親子ともども、「生きる喜び」に輝く日々となることを願っています。

増補新版
親子が輝く
モンテッソーリのメッセージ
子育ち・子育てのカギ

目次

第2章

幼児期特有の「敏感期」の見方がわかると子育てが楽しくなります

第3章

子どもは動きながら学ぶのです

第4章

子どもには自分を成長させる「活動のサイクル」があります

カバー・本文イラストレーション………めぐろ みよ
ブックデザイン………大野リサ

第1章

お子さんの前で、
やり方を「して見せて」いますか？

メッセージ 1

「する！」「自分で！」と叫んだとき、
ひとりでできるようになりたかったの。

「ひとりでするのを手伝ってね！」と
子どもは叫んでいます。
それは、自立への第一歩なのです。

1歳を過ぎて、片言で少しずつ自分の思いを伝えることができるようになってくるころ、子どもは自分の身の回りのことを自分でやろうとし始めます。「する！」「自分で！」と主張し、できないのに一生懸命にやろうとしています。

その傾向が現れたら、まず深い尊敬をこめて「自分でする」努力をしている姿を見つめましょう。こんなに小さいのに、もう「自立して生きる」ことへの努力を始めたのですから。今まで大人にしてもらっていたときに見ていたのを思い出しながら、指先を見ながら、「こうだろうか」と考えながら手を一生懸命に使っている、その姿は、人間が自立へと歩き出す最初の努力の姿に他なりません。

「人間は、いつ自立するのでしょうか？」と大学で学生にたずねてみると、「中学生のころ」「成人式を終えて就職するころ」という答えがもっとも多く返ってきます。確かに、親の考えの支配を退けて自分の考えを貫こうとする中学時代は、精神的に自立する時期だと言えるかもしれません。また、就職して経済的に親から自立するときをもって「自立のとき」と言えるかもしれません。でも、その自立は、ズーッとさかのぼって1歳半のころ、「する！」「自分で！」と叫んだときに原点があったのです。

ですから、「する！」「自分で！」と言い出したら、大人はまずは手を引っ込めて、敬意をこめて子どもが「どうするか」を見つめてみましょう。

「自分でする！」と言ったくせに、できやしない。時間をかけてもできない。そのくせ、手を貸そうとすると怒って大人の手をはねのける。

日常生活の忙しいスケジュールの中では、この強い主張やモタモタした動作に付き合ってはいられませんよね。でも、だからと言って、

「どうせできないでしょ」

「できるようになったら自分でしなさい」

「今は時間がないからママがしてあげるの」

などと言って、大人がさっさとやってしまうと、そのツケが精神的に自立する思春期や経済的自立が必要な青年期になってやってきます。

「自分でちゃんとしなさい！」

「いつまでも親に頼らないで、自分で考えてしなさい！」

「親はいつまでも生きているわけではないから、親に頼らないで自立しなさい」

「自分でやりたい！」と言いだしたら、
大人は手を引っ込めて見守りましょう。

と、大きくなったわが子に説教するのは、なんとシンドイことでしょう。そのシンドイ思いをしないためにも、やっとヨチヨチ歩き出し、やっと片言で自分の思いを伝え始めた可愛い子どもが、「する!」「自分で!」と叫ぶとき、そこに自立を望む心を読み取り、敬意をもって、まずよく見てみましょう。

「この子は自分でどこまでできるのだろう」

「どこが、難しいのだろう」

「どこで、つまずいているのかしら」

などと考えてみましょう。

ちょっと見守る心、観察する心がけをもつだけで、反射的に手を出してやってしまったり、イライラしなくなるばかりか、「どうすれば『ひとりでしたい!』と叫ぶこの子の願いをかなえてあげることができるかしら?」と優しい心が生じてきます。

子どもは「ひとりでできるように手伝って下さい!」と大人に向かって叫んでいるのです。そう叫ぶとき、人間は自立への第一歩を踏み出したのです。その叫びに目をとめ、耳を傾けるとき、大人も子どもを自立に向けて導く第一歩を踏み出します。

人間が自然の法則に沿って成長していく乳幼児期には、自然の法則にかなった援助が必要です。自然のプログラムに従って子どもの身体がどのように成長しているのか、生理学的な根拠を知り、生命の法則に沿って支援しなければなりません。

幼児教育の専門家マリア・モンテッソーリ（1870～1952年）はイタリア人で、ローマ大学医学部に女性として初めて入学し、医学博士の学位を取得して卒業した人です。彼女が最初に脚光を浴びたのは障害児の教育で目覚しい成果をあげたときでした。彼女は障害児教育で優れた業績を残したエドワード・セガンという先輩の生理学的教育学を継承しました。その後モンテッソーリは、幼児教育の畑で活躍し、「モンテッソーリ教育」という教育方法の体系を編み出しました。

その教育方法は生理学や生態学に基づき、子どもの見方、子どもの援助の仕方、環境の整え方などすべてが生命の法則や自然のプログラムに基づいて構成されているのです。だから当時は「科学的教育方法」とも呼ばれました。

子どもは自然の法則に沿って成長するのに、子どもを取り巻く近年の環境は、都市化、機械化によって人工的になっていくばかりです。その中で育つ最近の子どもたちは、人間が経験しなければならない必要不可欠の経験さえできない環境に置かれているので、「人間になれない」とさえ言われています。

こんな時代なのですから、人間の子どもが乳幼児期に経験しなければならないことと、その経験の与え方を根拠に基づいて知り、意図的に経験させてやらねばなりません。

ところが、日本の幼児教育界には「遊びが大事」「愛情が大切」という原理を大前提とし、それをあの手この手で表現し直しているに過ぎないようなところがあります。

モンテッソーリは、生理学的根拠に基づいて子どもの見方や考え方や教育技術を私たちに教えてくれます。それは、子どもの生命を観察することから始まり、子どもが良く生きることを支えようとするもので、決して難しいことではありません。誰もがちょっとしたヒントで子どもを見守り、たすけていくのが上手になる、知っていれば得する子育てのメッセージなのです。✿

メッセージ 2

「できない」のではなくて、
「やり方」がわからないだけなの。

どうすれば、自分でできるか、
「やり方」を教えてあげましょう。

「どうしてできないの?」
「何回言えばわかるの!」
「こうするのっ!」

など、子どもにとってマイナスの言葉ばかりかけてしまってはいませんか。

毎日の子育てに追われていると、特に仕事を抱えていると、そんな言葉がけが口癖にさえなってしまいます。

子どもも大人の口癖に慣れっこになって、反射的にその場かぎりの反応をするだけで、ちっとも良くなりません。

いつも叱られてばかりいる子どもは、本当にできないのでしょうか。何回言われても改める気がないのでしょうか。大人の言うことに従う意志などないのでしょうか。いえいえ、そんな悪い子であるはずがありません。その子だって、1歳過ぎのころには、「する!」「自分で!」と叫んだにちがいありません。

では、いつから自分でしなくなったのでしょうか。

人間には、随意筋と不随意筋という二種類の筋肉があり、随意筋は自分の意志で動かす筋肉です。子どもが「自分で！」と叫び始めたころ、子どもの意志は強く働き始めていました。子どもは自分の意志で動きたいと熱望し始めたのです。

ところが、まだ自分の思ったとおりに随意筋を使うことはできないのです。「やりたい」のだけれども、どのようにすればできるのかわかりません。子どもは「できない」のではなくて、「やり方」がわからないのです。

ですから、どうすれば自分でできるか、大人は「やり方」を教えてあげなければなりません。ところが、子どもにわかるように教えるのは決してやさしくはありません。

子どもに「やり方」を教えるには、「して見せる技術」が必要です。それを知らない大人は、大人同士で教えるときと同じようにすれば通じると錯覚しています。だから、さっさとやってしまって、「わかったでしょ」と言うのです。子どもがよく理解できなかったことを、大人は理解できないのです。そして、「どうして、できないの！」と腹を立てます。

ある施設の保育士さんが、次のような貴重なレポートを寄せて下さいました。

子どもにマイナスの言葉ばかりかけていませんか？

私たち大人は、自分でできることは子どもにもできると考えて、「できるでしょ。ちゃんとして！」と要求しがちです。さらに、「どうしてできないの？」とだんだんいらついてきて、ついには爆発してどなります。すると子どもは泣いて「ごめんなさい」を連発します。大人はそれにもっとイラつき「ごめんなさいは、もういいの！」と言って、ますます怒りを募らせます。恥ずかしながら、そのような体験を私も何度もしてきました。「またやってしまった」と自己嫌悪に陥るのが常でした。

あるとき、『ママ、ひとりでするのを手伝ってね！』（相良敦子著、講談社）という本を紹介されて読むと、「子どもはできない」のではなく、「やり方がわからない」のだということが沢山の事例を挙げて書かれていました。その事例すべてに共通するのは、「やり方」さえしっかり教えてもらえば、どんな子どももできないことはまずないのだということです。

それに気づいてからというもの、私は自分自身が意識して、「こうするのよ、わかる?」と実践しながら、例えば、雑巾をしぼって見せたり、うがいをしている子どもの隣で口に水を含んでみたりしました。すると不思議なことに、私自身に「待つ」余裕が生まれてきたのです。

子どもたちが今、何に集中しているか、何を一生懸命しているかに、気づけるようになりました。そうなると、ほとんど怒る必要がなくなりました。それまでの私は、ささいなことにまで干渉しすぎて、怒らなくてもよいところで大きな声を出していたのだと気づき、子どもたちにすまなくて涙が出てきました。

（大槻英美）

子どもの側の言い分に耳を傾け、子どもの叫びに応えようと、大人がちょっと気持ちを変え、やり方を工夫し始めただけで、子どもは変わり始めます。そして大人も変わります。大人の側にも、忍耐や優しさが生まれ始めます。不思議ですね。

「自分でしたい!」しかし、うまくできない。「どうすればできるか?　やり方を知りたい!」と奮闘している子どもに対して、大人が「して見せる」という教える技術を知らないと、「いいのよ。してあげるから」とニコニコ顔でやってしまうか、「どうしてできないの」とイライラするかのどちらかになります。

「まだできない」子どもは弱い立場にあり、「すでにできる」大人は強い立場にいます。強者は、弱者の願望や悩みや悲しみには無頓着で自分中心に振舞うものです。この世に生まれてきてまだ数年しか経っていない子どもが、「やり方がわからない」のは当然なのに、大人中心の日常生活のリズムに容赦なく子どもを巻き込み、全権を握って子どもを引きずってはいないでしょうか。

「どうすればよいか」わからない子どもの戸惑い。「やり方をわかるように教えてほしい」子どもの願い。自分に代わってやってしまうか、ただ怒るだけの大人に抵抗できない子どもの悲しみ。そんな子どもの思いに寄り添って、わかるように「やり方」を教えてあげましょう。

次に、そのやり方を「して見せる」という教育技術のポイントを述べていきます。

メッセージ 3

できるようになりたいから、
真剣に見ているよ。

あなたの手元を食い入るように
見ている子どもに、
わかりやすくやり方を
「して見せ」ましょう。

やり方を「して見せる」教育技術というと、なんだか難しいことのように聞こえますが、何のことはない簡単なことです。それは次のようなことです。

①子どもがやりたがっている活動を一つだけにする。
②その一つの活動を構成している諸部分を分析する。
③必要不可欠の部分だけを取り出して、ゆっくり、はっきり、順序立てて行う。
④その行為を子どもの前で「して見せる」。
⑤「して見せる」とき、言葉を添えないで黙ってする。つまり、言葉と動作を離す。
⑥して見せた後に、簡単に言葉で説明する。

聞いてみれば、「なーんだ、そんなことなら前から知っていたよ」と言う人も多いでしょう。確かに昔から、何かをキチンと教えようとするとき、人々はそのようにやってきました。別に目新しい特別の技術ではないわけです。

だけれども、それを幼児期の子どもの前でする必要性を強調するところに、その新

ゆっくり、はっきり、順序立てて行いましょう。

しさがあります。マリア・モンテッソーリが、この教え方の必要性を発見したときの出来事を紹介しましょう。

ある日、モンテッソーリは子どもたちの前で、「はなのかみ方」を教えました。「はなをかむときはね」。そう言って、ゆっくりとハンカチを広げ（ヨーロッパではハンカチではなをかみます）、はなをおさえ、……と順序立てて、「はなをかむ」一連の動作を子どもたちの前でやって見せました。すると、それをジーッと見ていた子どもたちは、モンテッソーリがはなをかみ終わるやパチパチパチと拍手をしたのです。モンテッソーリはビックリしました。

「エッ！　なぜ？　なぜ手をたたくの？　たかがはなをかんで見せただけなのに、どうして子どもたちは、まるで素晴らしい歌を聴いたときのように一斉に拍手したのでしょう？」

さすが科学者のモンテッソーリですね。思いがけない子どもの拍手に驚いただけでなく、「なぜ？　なぜ？」という疑問が心に湧き起こったのです。この出来事以来、モンテッソーリは、「なぜ、子どもは手をたたいてくれたのだろう？」という問いの答えを求めて研究し続けました。そして、とうとう子どもが拍手してくれた原因を突き止めたのです。

モンテッソーリは、随意筋肉運動の調整期に注目しました。４歳前後の子どもたちは、随意筋肉運動の調整期にいます。つまり、自分の意志で動かす随意筋を目的にかなって使えるようになる訓練をするときです。自分が「こうしたい」と思ったことを自分の意志どおりに実現することができるようになりたい時期、つまり、自分自身の行動の主人公になりたい時期なのです。

あの拍手をしてくれた子どもたちは、はなをたれていることで叱られるか、大人が強引に拭いてくれるかだったのに、モンテッソーリ先生は「ぼくだって、ひとりではながかめる」ように、わかりやすく教えてくれたので感激したのでしょう。

随意筋の調整期にいる子どもたちは、どうすれば自分でできるか「動き方を学びたい」のだと気がついたモンテッソーリは、一連の運動を分析して、ゆっくり、黙って、「して見せる」という方法が有効であることを発見したのです。随意筋肉運動は、知性の働きと連動します。知性の働きは「区別する」ことが基本ですから、ある活動を構成している諸部分を区別して、区別された部分を順序立て、ゆっくり、はっきり、して見せると、「ああ、そうすればできるのだな」と理解することができます。「ゆっくり、はっきり、して見せる」という教え方は、昔から誰もがやってきたことなのですが、随意筋肉運動の調整期にいる小さい子どもに「やり方」を教えるためには特に必要な方法です。

子どもは、自分がやりたいけどうまくできないことが、目の前で、ゆっくり、わかりやすく、して見せられるとき、食い入るように真剣に見ます。子どもが「食い入るように、真剣に見ている」とき、脳の中では運動の順序を記憶し、組み立てる作業がされています。だから、単に「できるようになる」とか「器用になる」のではなく、自分で考え、見通しを立てる能力も育っているのです。

私がS国立大学附属幼稚園の園長をしていたときのことです。国立大学附属校園は研究することが重要な使命なので、毎週研究会を開いて観察や考察を熱く語り合います。私が園長に就任して初めて研究会に参加したとき、先生たちは前年度から持ち越した「教師の援助」というテーマで話し合っていました。そのとき出た話題は次のようなものでした。

Aちゃんは年長組に進級しても先生から離れることができず、自立できない状態でした。ところがある朝、Aちゃんが先生の傍にいません。「オヤ、今日はAちゃんはどこにいるのだろう」と探すと、なんと園庭のどんぐりの木の下に立って、上に登っている友だちを見上げているではありませんか。先生が近寄って行くと、Aちゃんは小さな声で「私も登りたい」と言いました。思いがけないAちゃんの言葉に先生は嬉しくなって「登ってごらん」と言いました。すると「女の子は、登ったらアカンって言わはるもん」とつぶやきます。先生は力をこめて「かまへん。女の子かて登ってええんやで。登ってみい」と勧めました。すると今度は「登れへんもん」と悲しげに言いました。それを木の上で聞いたB君が、「オレが教えたるわ」と言って降りてきました。そしてAちゃんに、「あのな、ここを持つんや」「足はここ」「そして、次はここ」と手の使い方や足のかけ方を、一つひとつ、はっきりと、順序を追って、ゆっくり、して見せながら、登り始めました。Aちゃんは食い入るように見ていました。そして、教えてもらったとおりにして登り始めたのです。ついに登ることができると、降りてきて、また登ります。何回も登っては降り、登っては降り、と繰り返しました。

その翌日からAちゃんは登園するなり、どんぐりの木にすっ飛んで行って登り降りを繰り返しているのです。そんな日々が続くうちにAちゃんに変化が生じてきました。先生にくっついて回ることがなくなり、友だち関係が広がり、すっかり自立した感じなのです。

この出来事を報告したO先生は、「登ってごらん」と励ました教師の援助が功を奏したのだとコメントしました。そこで私が「Aちゃんを自立させた要因は、それだけですか？」とたずねました。O先生は「はい」と答え、そのときの教師の言葉がけが、いかに子どものやる気を起こしたかを強調しました。

そこで私がまた質問しました。「B君が、登り方をして見せているとき、Aちゃんは食い入るように見ていたとおっしゃいましたね」「ハイ、そうです」「B君が、ゆっくり、はっきり、登り方を、して見せていたとき、食い入るように見ていたAちゃんの中には何が起こっていたのでしょうか？　食い入るように見ていたことと、その後に何度も登り降りしてAちゃんが自立していったこととの間には関係がないのでしょうか？」

この質問をきっかけに先生たちの問題意識が変わっていきました。

子どもが「食い入るように見ている」とか「真剣に取り組んでいる」ときには、その行動の奥に生命の法則が作用しています。ただ「上手になる」「器用になる」だけではない、もっと深い人格の形成と関連した生理学的事実があることに心をとめましょう。

メッセージ 4

「ことば」で言われても
わからないよ。

言葉で教えるのでなく、
黙って、ゆっくり、
行動で教えるのです。

「口先ではなく、行動で示そう」という言葉をよく耳にします。そして誰もが「そうだ」と思っています。ところが、子どもに対するときはこの言葉は忘れてしまうのです。

私が園長として保護者の方々に連続で話をしていたころ、お母さん方が日ごろの反省をたくさん書いて下さいました。その中から前述してきたことに関するものを少し紹介しましょう。

今まで無我夢中で子育てしてきただけで、深く考えたり落ち着いて子どもを見つめることができていませんでした。

私は男の子二人の母親ですが、次男も幼稚園に入り、少し心のゆとりもできたころ、ふと気がつくと、長男は身の回りのごく当たり前のことが何一つできていなかったのです。口うるさく言っておりましたが、できないのではなく、これは私がちゃんと教えていなかったと初めて気づきました。

「口うるさく言っていたのに、教えていなかった」というのです。多くのお母さん方が同感なのではないでしょうか。ましてや、「ゆっくり、して見せながら教える」なんて思いつきもしなかったという感想がたくさんでした。例えば次のようなものです。

園長先生の話で一番印象に残ったことは、「まず自ら分析し、次に順序立てて、ゆっくり、黙って、して見せて、教える」ということでした。毎日の子育てに追われ、一日中、何かにつけガミガミ言っている私です。

「○○はしたの？」

「早くしなさいっ！」

「何回言ったらわかるの」

といつも怒ってばかりいます。顔を合わせると（合わせなくても）、ガミガミ一から十まで何か言っている私に気がつきました。

「黙って教える」ということは、振り返ってみると一回もなかったような気がします。

このお母さんも、一から十までガミガミ「言っていた」のに、実は「教えていなかった」と気がついたのでした。

口先で言うのではなく、「行動で、ゆっくり、黙って、して見せて、教える」ということは、聞いてみれば特別に難しいことではないようですが、幼児期の子どものためには重要な教育技術なのです。

このお母さんは、この文章の続きに次のようなことを書いています。

園長先生の話を聞いた次の日、偶然にも娘にあやとりを教える機会がありました。とりあえず、ゆっくり、黙って、教えてみました。しかし、なかなか思うように手が動かない娘に苛立ちを感じ、ついつい「ここやろ！」「このところをとらなあかんやろ！」と言ってしまいました。しかし、いつもなら、だらだら怒るところを、昨日の話を思い出し、また黙って教えるのですが、ついつい二言、三言と……。しかし、いつもよりも少し静かに黙っていたせいか、娘もすぐに覚えたようでした。

この文の中で「とりあえず」という言葉に注目したいものです。このお母さんは、昨日聞いて心に残っていたことを「とりあえず」やってみただけなのです。ところが、その結果が今までとは異なるのに気がつきました。「とりあえず」やっても子どもの反応が変わるということは、そこに確かな要素が含まれているしるしです。

「動作を分析して、順序立て、黙って、ゆっくり、して見せる」という教え方を聞いた大人が、初めてそれを実行してみるとき、半信半疑だったり、少しバカバカしいとさえ思ってしまいます。ところが、口先で教えていたときよりも良く伝わることを経験し、これが幼児期の子どもに教える大切な技術であることを確信するようになります。

もちろん、子どもが全く反応してくれないこともあります。せっかく心をこめてして見せようとしているのに、子どもが見てくれない、興味を示さないときには、「反省」してみるか「忍耐」するかのどちらかが必要です。

ゆっくり、黙って、して見せて、教えましょう。

「反省」とは、子どもが本当に「やりたがっている」こと、「難しくて困っている」ことを見極めて、そのことを「して見せる」ことで手伝おうとしたかということです。こちらから一方的に、時として強引に「して見せよう」としたのではないかを反省してみて下さい。

「忍耐」とは、子どもが興味を示さず、見ようともしなくても、子どもの前で何回も何回も、同じやり方で「して見せる」ことです。例えば、片付けの仕方、机の拭き方、のような毎日する動作を、あるときは意識して見るよう促し、あるときはさりげなく子どもの前で丁寧にして見せ続けると、ある日突然か少しずつか、子どもは見たとおりに実行するようになります。

だから、だまされたと思って実行してみて下さい。

そうすることは、高価な子ども用ビデオ教材を買い与えても、高いお金を払って早期教育の教室に通わせても得ることのできない「人格の力」を身につけさせることになります。

「人格の力」とは、「自分で考えて実行する力、計画する力、見通しをもって行動する力、段取りをする力、抑制する力」のような実力です。実際、幼児期にこの教育技術で育てられた子どもたち（モンテッソーリ教育実施園の卒業生たち約七百名）の追跡調査をしたとき、共通に見られた特徴はこの「人格の力」でした。

そのような力が身につくという根拠も推定できます。現代は脳科学がめざましく進歩し、素人の一般人でも脳について、ある程度の知識をもつ時代ですから、その知見に基づいて推定してみましょう。

脳の中でも「人格の力」を司る部位は主に前頭葉であり、判断する、計画する、見通しをもつ、段取りを考える、などはここでなされます。子どもが、黙って、ゆっくり、して見せてもらっているとき、それを見ている子どもの脳の前頭野の前の腹外側部というところにあるミラーニューロン（鏡神経細胞、１９８９年命名）が鏡で映すように働いています。そして、前頭葉にあるワーキング・メモリに貯えた記憶を土台として前頭連合野の一部である運動連合野というところで行動のプログラムをつくり、自分で実行するに至るのです。

また、脳が本質を抽出するのは「ゆっくり」なのだそうです。「ゆっくり」なされる動作をジーッと見つめながら、「動き方」を学んでいるときの子どもの脳の中には、単にできるようになるプロセスを習得するメカニズムが働いているだけでなく、その「ゆっくり」の過程で人間の本質的に大事なものを抽出しているのではないでしょうか。

現代は、ビデオやゲームや早期教育が、「ゆっくり」「考えて手を使う」ことよりも遥かに優勢になっていく時代です。こんな時代だからこそ、時代に流されない生命の法則に基づく教育を見つめ、実践してみましょう。✿

メッセージ 5

何度も失敗しながら
できるようになるのだから、
すぐに怒らないでよ。

訂正しながら教えるのではなく、
「教えながら、教えましょう」

モンテッソーリは、通訳を必要とするある講演で「教えながら、教えなさい」と言いました。通訳する人は「エッ！」と聞き返しました。意味がよくわからなかったからです。

するとモンテッソーリは、ゆっくり「教え・ながら・教え・なさい」と繰り返しました。言葉はわかったのですが、今度は意味がピンとこなくて、もう一度「エッ！」と聞き返しました。その通訳は、モンテッソーリ教育とは子どもの自由を最優先する教育なので、モンテッソーリが「教える」という言葉を一つの文の中で二回も使うのがなんだか腑に落ちなくて、思わず再び聞き返してしまったのです。

ところがモンテッソーリはニッコリ笑って、「訂正しながら教えてはいけません。教えながら教えて下さい」と言いました。

この短い言葉には二つのメッセージが含まれています。一つは、大人が無神経に訂正すると子どもは心を閉ざしてしまうこと。もう一つは、子どもには忍耐強く教えなければいけないことです。

ゆっくり、わかりやすく教えられたとしても、子どもは理解したかもしれないし、理解していないのかもしれません。だから、子どもが間違えても訂正してはならないのです。

正しいやり方を無理に押しつけないで、その場はそのままにしておいて、別の日に適当な折を見つけて、再び正しいやり方をして見せるのです。これは決してやさしいことではないでしょう。「して見せるという教え方」について私が保護者の方々に話したとき、次のような感想を書いたお母さんがいました。

子どもに教えるときには、口は黙って、行動はゆっくり見せる、ということを聞いて、本当にショックを受けました。私は今まで何を教えるのでも、まず口で話しながら、半分怒りながら教えていたような気がします。

なんと正直な感想！　そして反省！　でしょう。大人は子どもに教えるときでも、大人に教えるときと同じように、まず口で教えます。すると大人の場合のように通じません。子どもにはよく理解できないのです。それに子どもは、随意筋肉を目的に向かって思いどおりに動かすことがまだよくできないのでモタモタしてしまいます。子どものそんな生理学的事実を知らない大人は、すぐに苛立ち怒るのです。このお母さんのように、子どもに教えるときは「怒りながら教えている」大人は案外多いのではないでしょうか。

次のことを書いたお母さんにも、「教えながら、教えなさい」というモンテッソーリのメッセージは新鮮でしょう。

口を使わず、黙ってして見せるというお話がありましたが、私の場合、つい手が出て、「こうやるの。ちがうでしょ」と言ってしまい、最後に「もういい」と言ってしまいます。

このお母さんは、まさに「訂正しながら、教える」タイプです。このお母さんに限らず、ほとんどの大人は、訂正しながら教えるので、大人はイライラをつのらせ、子どもは心を閉じていきます。その悪循環が、大人と子どもの間に争いを引き起こしま

「教えながら、教えなさい」

す。
モンテッソーリが、「大人と子どもは深く愛し合っているにもかかわらず、いつも闘争状態にある」と言ったのは、このような事情を指しているのです。

近年、教育界で「教えないで、教える」という奇妙な原理が支配しました。子どもの自発性や試行錯誤して自分で発見する力を尊重するという大義名分のもとで、子どもにキチンと教えることを避ける教師や親がいます。この教育方針が正しいかどうかを、赤ちゃんが四つん這いから二本足歩行に推移するときのことをみながら考えてみましょう。

赤ちゃんは二本足で立ち上がり始めるころ、必死で努力します。そして、やっと歩き始めても、すぐに転びます。しかし転んでも転んでも起き上がり、涙ぐましい挑戦を続けます。子どもを「歩く」ことへ導いているのは、自然の力です。自然という先生は、「どうして転ぶのっ！」と怒ったり、「そうじゃないでしょ。こうして歩くのっ！」と訂正したりは決してしません。むしろ、転ぶたびに「がんばれ！　がんばれ！」と励まします。むしろ、失敗しても「もう一度！」「もう一度！」と立ち直る力を与えるのです。

こうやって二本足で自分の身体を移動させることができるようになると、二本の手が自由になり、「手」による世界の探索が始まります。さらに子どもは「手」を使って、大人たちが作り上げてきた文化の世界に入っていきます。

複雑な文化の世界で生きていくために子どもは「手の使い方」を学ばねばなりません。それを教えるのは大人の役割です。それまでは自然が強力な先生でしたが、これからは大人が先生です。日常生活の具体的な行動の仕方の一つひとつを、「どうすればできるか」わかるように教えていかねばなりません。

大人は、子どもに「教える」義務があります。ところが現代社会では、「教えないで、教えなさい」という摩訶不思議な教育理論と、何もかも自動的にできる生活環境とが相俟って、教えなくてもなんとかなると考える人が増えています。もはや大人自身が、子どもに日常生活の中で「何を、どのように教えるのか」がわからなくなってきた時代です。

子どもは「動き方」を学びたがっています。日常生活の服の着脱、食事の仕方、片付け方、掃除や洗濯の仕方、挨拶や美しいマナーなどを本当は知りたいのです。ところが、大人は、そんなことは子どもに代わってやってしまい、英語のビデオ教材の前に長時間座らせたり、お稽古事に車で連れていくことなどに力を注ぎます。

乳幼児期にもっとも大切なことは、まず日常生活の行動を自分でできるように教えることなのです。それを教えるときは、失敗しながら上手になっていく過程を忍耐と愛をもって見守り、励まし続けましょう。

怒りたくなるたびに、「教えながら、教えなさい」という勧めを、自分に言い聞かせたいものです。

第2章

幼児期特有の「敏感期」の見方がわかると子育てが楽しくなります

メッセージ 6

困るから必死で
抗議しているのに。

「反抗期」という言葉で
片付けないで下さい。

2歳前後になったころから、突然泣き出して泣き止まなかったり、急に不機嫌になってグズったり、何が気にいらないのかテコでも動かなかったりして、周囲を困らせることがあります。なだめてもすかしても大人の言うとおりにしてくれないばかりか、必死で反抗してくることとさえあります。そんな子どもの態度に出会うと大人は「あー、反抗期なのだわ」と嘆きます。相談すると、たいていは「反抗期ですから、そのうちにおさまりますよ。ガマン、ガマン」なんて答える人がたくさんいます。

本当に「反抗期」なのでしょうか？　いえいえ「反抗期」という用語は大人が勝手に作り出したものです。子どもの必死の叫びの真の原因を知らない大人は、「反抗期なんだわ」「反抗期だから仕方ないわ」と、この用語で理由づけをします。その結果、子どもの言い分は聞き入れられず、泣き叫んで抵抗した内容は無視されてしまいます。「子どもの突然の不機嫌や大泣きには必ず原因があります」とモンテッソーリは言いました。そして、子どもが必死で反抗する原因を突き止めたのです。2歳前後の命がけの抵抗には主に二つの理由があります。

一つは、「自分で」やりたかったのに、大人が勝手にやってしまったからです。

もう一つは、「秩序が狂った」からです。

もう少し詳しく、その内容を見てみましょう。

片言で自分の意志を表現できるようになったころから、子どもの中に「自分でやりたい」願望が出てくることは前に述べました。日常生活において「私がするのだ」と思っていたことを大人がやってしまうと、子どもは全力で怒るのです。

例えば、夕食の支度をしているママが、卵の殻むきは必ず子どもにさせることにしていたとします。子どもは「それは私の仕事だ」とやる気まんまんだったのに、ある日うっかりママがむいてしまおうものなら大変です。そこで突然の大泣きが始まります。

ところが、ママは自分が卵の殻をむいてしまったことに大泣きの原因があるとは気づかず、突然の不機嫌に困惑してしまいます。こうして大泣きの原因は見過ごされてしまうので、子どもの不愉快さは解消されません。「自分でやりたかったのにできなかった」くやしさや悲しみが子どもの心を占めるので、いつまでもグズグズ言います。

メッセージ6 「反抗期」という言葉で片付けないで下さい。

子どもの不機嫌が続くと、今度はママが不機嫌になります。そして「いつまでグズグズ言うのっ！」と反逆するか、「ああ、また始まった。反抗期なのね」とため息をつくかなのです。

Aちゃんは毎朝、お気に入りのセーラームーンのハンカチを自分で丁寧にたたんでカバンに入れるのだそうです。ところが今朝は、遅くなったので、ママが大急ぎで別のハンカチを手早くたたんでカバンにサッと入れてしまいました。

サア大変！　Aちゃんは急に火がついたように泣き出しました。

幸いにもママは、Aちゃんの突然の大泣きの原因を理解することができる人でした。ママがやってしまったのがいけなかったのだと反省しながらも、ぐずるAちゃんを引きずって幼稚園まで来たのですが、クラスに入っても棚にしがみついて動きません。

ママは当時そこの園長だった私のところにやってきて、「園長先生、今朝は私が失敗しました。Ａが自分ですることを私が勝手にしてしまったのです。まだすねて棚にしがみついて動こうとしません。すみません。このまま置いて帰りますので、あとよろしくお願いします」と言われました。

このような場面に出会うと私はいつも、その状態がどのくらい続くか時間を測りました。すると、たいてい40分は動かないのです。40分を過ぎたころから、やっとご機嫌を直し始めます。

「自分でするのだ」と思っていたことができなかったために子どもが心に味わった悲しみや苦しみは、そんなに長い時間をかけなければ癒されないのです。自分の無知な行動が子どもの不機嫌の原因となったのに、そのことを理解することも反省することもしないで、「反抗期なのね」と片付けてしまう大人は多いものです。

１歳を過ぎたころから現れる子どもの突然の大泣きに、もう一つ重要な原因があることを知りましょう。「秩序が狂った」ことからくる子どもの苦痛が原因です。

「いつもの順序でない」「いつもの場所にない」「いつもの人の物ではない」など、子どもが慣れてきた順序、場所、所有物が、いつもどおりでないと、泣き出したり、ぐずったりします。大人にとってはなんでもないことなのに、思いがけない強さで抵抗されたり、テコでも動かなかったりすると、大人は、「そんなこと、どうでもいいでしょ！」「どうして、そんなに強情なの！」と怒ります。

でも子どもにとって、いつもの場所、いつもの順序、いつものやり方などがとっても大事なのです。1歳から目立ち始め、3歳ごろをピークとして次第に消えていくこの不思議な感覚をモンテッソーリは「秩序感」（Sens of Order）と呼びました。この「秩序感」のことを知っているのと知らないのでは大違いです。特に子育てを始めたばかりのお母さんは、子どもの強情や不機嫌の原因を知らなければ、「ああ、第一反抗期が始まったのだわ」と困惑するばかりです。ところが、それが「秩序感」というこの時期特有の感受性に起因しているのだと知っていれば、「ああ、秩序感なのだわ」と感動して、子どもの反応をもっとよく見て、ふさわしい対応の仕方を考えることができます。

乳幼児期には「自然のプログラム」に従って成長していますから、それを無視したり抑えつけることは、まるで生えてくる歯を「生えてはダメ」と押さえつけるようなものだとモンテッソーリは言っています。「自然のプログラム」に従うことを大人が妨げると、命が抑圧されるので、子どもは命がけで抵抗するのです。子どもの激しい抵抗の理由を知らなければ、大人は子どもの必死の抵抗を上回る強権を発動して横暴になります。それが高じると、善良な親でも虐待まがいのことをしてしまいます。ところが、原因を知れば、子どもにとってベストの方法を工夫するようになるのです。

メッセージ 7

「秩序感」という
奇妙な感受性を
理解しましょう。

パパが何気なくいつもとちがう椅子に座ると、「ちがう。パパはここ！」と叫んだり、ママが公園に行くのにパパのポシェットをちょっとだけ拝借してきたら泣いて怒ったり、お風呂でママはいつも頭から洗ってくれるのに、パパは身体から洗ったと大騒ぎをしたり、たいしたことでもないのに頑として聞き入れず大人を困らせることがあるでしょう。

こんな不可解なこだわりで大人の生活のリズムが妨げられると、「そんなことどうでもいいでしょ！」「どうしてそんなに強情なの！」と怒り心頭に発することさえあります。

この奇妙なこだわりは、1歳ごろから3歳ごろまでに強く現れる「秩序感」という特別の感受性です。いつもの場所、いつもの方向、いつも行う順序、など、子どもはいつもと変わらないことを望みます。それは自分を取り巻く環境とその諸関係をおぼえ、世界における自分の位置づけがわかるためです。それがわかっている環境では、子どもはまごつかないで、動いて、目的物に達することができるのです。

子どもにとって秩序とは、物のあり場所や順序や所有物などが定まっていることで、そこでは目をふさいでも歩きまわれるし、必要な物がすぐ見つかります。子どもは、身の回りの勝手が、細かいところまでわかっていなければ安定を得られません。だから、子どもにとって秩序とは、家を建てる地盤か、魚がその中で泳ぐ水に相当するのです。

次の例は、かつて同じ職場で同僚が「秩序感のことを知っていてよかった」と話してくれた出来事です。

Sちゃんは最近「這い這い」が上手になって部屋中を元気よく這いまわっています。そこで、パパとママは、もっといっぱい這い回ることができるように、部屋の模様替えをしました。タンスや机を壁側につけて部屋の真ん中にスペースを広くとり、「サア、これでもっと元気に這い這いできるよ」と両親は満足でした。ところが、その日からSちゃんの様子が変なのです。昨日までのように、生き生きゴソゴソ這い回ることなく、むっつりとしてあまり動きません。両親は、Sちゃんの体調が悪いのだと心配になり、あの手この手で元気を取り戻させようとしますが治りません。病院に連れて行くしかないと相談しました。そのとき、パパはフッと「秩序感」のことを思い出しました。

「もしや」と思い、急いで昨日までのように家具の配置を戻しました。すると、どうでしょう。水を得た魚のようにSちゃんは、また活発に這い這いを再開したのです。机の間をすり抜けたり、タンスと棚の間の狭いところを通り抜けたり、Sちゃんにとってお決まりのコースが再び現れたので、安心して動き回っています。覚えていたものが突然なくなってしまったので、Sちゃんは動けなくなっていたのでした。

この場合のように、「秩序感」のことを大人が知っていれば大事にならなくてすむのに、知らないばっかりに必要以上に苦労することがあります。また、「秩序感」を知っていれば、このセンスを有効に利用することもできます。次に「秩序感」を利用して「片付ける」習慣を身につける状況を整えたお母さんの例を紹介しましょう。

同じ場所にあるという「秩序感」が乱されると、
子どもは動けなくなります。

Mちゃんのママは、最近不思議なことに出会います。片付けておいたはずの物が、元の所に置いてあるのです。何回も同じ場所に同じ物が置いてあるのを見て、ママはハッと気づきました。「秩序感なのだわ！」

そこで、Mちゃんの背丈にちょうどよい高さの棚を作り、Mちゃんが使った物をその棚の決まったところにキチンと置けるようにシールで「しるし」をつけてあげました。すると、使った物を決められたところのシールに合わせて戻すのが嬉しくて、眠っているときまでも「そこ」と指さすほどです。定められた場所に合わせて戻す、ということに情熱を燃やす日がしばらく続きました。

ママはMちゃんの秩序感に気づいたとき、「おかたづけ」の習慣を身につける絶好のチャンス到来の時として、この時期特有の感受性を利用したのです。成長の過程に出てくる強い感受性をうまくつかんで「片付ける」習慣作りに利用したママは、将来

「ちゃんと片付けなさい」と目くじらを立てて叱らなくてすむでしょう。

同じ場所、同じ順序、同じ方向、同じ手順などと、いつも決まっていることで安定し、知的活動がこれを手がかりとして活発になる乳幼児期には、それを意識した環境整備が必要です。Mちゃんのママのように、シールでしるしをつけて、そこに合わせて置けるようにした配慮のように、秩序感を有効に生かす工夫をすると良いのです。実際、モンテッソーリ教育をしているクラスには、どの教材も元あったところに自分で戻せるように、しかも、正しい方向で、正確に、置けるように、かわいい小さなシールを貼っています。子どもはそのシールを見て、自分で考えて、元あった場所にキチンと戻します。

まるで体中に毛細血管があって、どこをつついても血が出るように、子どもの居場所も教材も棚も、あらゆるところに秩序があるように配慮されているなら、子どもは心理的に落ち着き、意識して行動する人になります。

秩序の敏感期に、秩序に守られた子どもは、堅固な土台をもつ建築物のように安定した人格を築くことができる、とモンテッソーリは言います。そして、秩序は、善そのものではないのですが、善に至るための不可欠の道であるから、人生の初期に現れる「秩序感」を大事にすることは生涯に影響を及ぼすほど大事なことだとも言います。

秩序感のことを知るかどうかで、子どもに対しての良き援助者になるかどうかのちがいが出てきます。

モンテッソーリは『幼児の秘密』という本にこんなことを書いています。参考までに挙げておきましょう。

「大人は、自分の身近に暮らしているちいさな人の心の中の秘密をあまりに知らなさ過ぎます。しかし子どもというものは、大人にわからない心の要求を満足させながら生活したがる者だという指摘をしただけで、大人はそれに気づき、子どもがそんなときにあらわす特殊の感情を識別するようになります。

幼児たちは、特色ある整頓好きの傾向を見せます。1歳半から2歳までで、彼らはたとい漠然とした形にしろ、すでに身辺の秩序への欲求をはっきりあらわします。幼児は乱雑の中で生活しえないのです。乱雑は苦痛を引き起こし、やけに泣くか、時には本当の病気の症状を呈し、継続的興奮状態になって現われます。幼児は、大人や大きい子どもが気にとめない秩序の狂いに直ぐ気づきます。(……中略……)

秩序感の時期は、生後数か月以内に始まりますから、大人はよほどの注意を払わねばなりません」

メッセージ 8

「敏感期」のことがわかると、
子どもがよく見えてきます。

メッセージ6、7で紹介した秩序感は、幼児期の子どもにおとずれる「敏感期」という時期の特徴の一つです。

「敏感期のことがわかると、子どもがよく見えてきます」と言うと、「子どもはちゃんと見えていますよ」「誰よりもよく子どもを見ていますよ」という声が返ってきそうです。ここでいう「よく見える」とはどういうことでしょうか。

机の上に一匹の虫がいて、その前に虫について特別の知識をもっているわけではない一般人と虫の専門家の二人の人がいるとします。その二人に向かって「この虫をよく見て、その特徴を挙げて下さい」と言うと、一般人が五つの特徴を挙げるのに対して、虫の専門家は十の特徴を言うことができるかもしれません。同じ一匹の虫を見ても、それについての知識を豊かにもっていると、見えるものも豊かになってきます。

それと同じように、子どもについてもある知識を知っていると、子どもがしていることの意味がわかり、適切な対応ができます。そのような知識のなかでも、「敏感期」についての知識は重要です。

では、「敏感期」とは、いったい何でしょうか?

「敏感期」とは、生物の幼少期に、ある能力を獲得するために、環境中の特定の要素に対して、それを捉える感受性が特別に敏感になってくる一定期間のことです。これに最初に注目したのは、オランダの生物学者ド・フリース（１８４８〜１９３５年）でした。

モンテッソーリが「子どもはある対象に夢中になる時期と無関心になる時期があるのはなぜだろう」という問いを抱いていたとき、ド・フリースが生物学の領域で見られる敏感期が人間の幼少期にもあるのかどうか観察することを勧め、モンテッソーリは人間の幼児期にも敏感期がおとずれることを見つけました。

つまり、子どもにはある能力を獲得するために、ある環境と関わるための感受性が高まる一定期間があって、その期間は強い感受性がサーチライトのように一定の範囲を昼のように明るくします。それに照らし出されたものは、子どもを感激させ、まるで恋をする者のようにそれとの関わりに夢中になります。

その能力の獲得が終わると無関心と怠惰のヴェールが心を覆いますが、すぐに次の炎が点火され、また子どもの心は燃え上がります。こうして次々と新しい能力を獲得していきます。
その具体的な事例を、あるお母さんのレポートで紹介させていただきましょう。

息子は、赤ちゃんのころ、「回るもの」が大好きでした。ハンドルに始まり、車輪、水車、換気扇、つけもの器、歯車などに異常なほど執着し続けました。

1歳過ぎて歩けるようになると、すぐに自転車置き場にもぐり込み、長いときは1時間近くも、ひたすら手で車輪を回し続けました。その姿は、ハッとするほど真剣で、途中でやめさせるのをはばむ力強さがありました。ときには興奮しすぎて泣き出すこともありました。真顔で、目をすえ、よだれなどたらしながらひたすら回し続ける姿は、わが子ながら不気味にさえ思えました。

「敏感期」のことなど知らなかった当時の私は、「自閉症?」「児童相談所行き?」の心配が頭を駆けめぐったものです。ただ母親の本能で「やりたがる

「ひたすら回したい！」
「敏感期」にいる子どもは、ひとつのことに夢中になります。

ことは気がすむまでさせてあげたい」と、回し終わるのを待ち続ける日々でした。車輪回しは、その後、ペダル回し、ロックをかけたり　はずしたりの状態でのペダル回しなどに発展していきました。（……中略……）

2歳半ごろは、「回す」ことに「におい」の敏感期も重なったのか、灯油のポリタンクのふたの開閉に夢中になりました。ふたを開けてにおいを嗅いでは「くさいね」、閉めてにおいを嗅ぐ。反対側のふたを開けて「くさいね」、閉めてにおいを嗅ぐ。それを食事も忘れて、あきれるほど繰り返しました。「回したい」欲求から、たまたまふたを開け、においがすることを発見。それが不思議で何度も繰り返したのです。

回すことへの執着はまだまだ続き、3歳になったころ、おもちゃや機械の中に歯車やモーターが入っていることに気づいた彼は、分解魔と化しました。ドライバーでネジを回すというお気に入りの作業も加わり、時計やおもちゃ、掃除機、ドアノブまで分解しました。ネジを見ると、はずして中を見ずにはいられないようでした。赤ちゃん時代のおもちゃもかたっぱしから分解しまメッセージ8 「敏感期」がわかると、子どもがよく見えてきます。

した。
(……中略……)
1、2歳ころは、回すことで機嫌がよくなるだけで、途中に邪魔が入るとそっくり返って泣き、恐ろしいことになったものです。2歳半くらいからは、気がすむまで回したり分解したりした後は、機嫌もよく動作もテキパキして、「これ、お願いね」と手伝いを頼むと「ハイ、ハーイ」と飛ぶようにかたづけました。
　子どもは外遊びが一番と思って、さんざん外遊びに連れ出していましたが、何だか、外遊び中もその後も覇気がなく、ボーッとしていて、冴えないのです。かえってストレスを溜めているようで、「小さい子は、外でのびのびと」というのは、親の勝手な思い込みや願望にすぎなかったのかも、と反省させられました。激しく動けばいいというものではなく、興味をもったことに静かに頭を働かせて集中することで、かえってイキイキするようです。大切なのは、遊ぶ場所ではなく、興味をもつ内容に心ゆくまで取り組めるかどうかなのです。

（佐藤美栄子）

このように子どもを、感激させ、夢中にさせ、心を燃え上がらせるのが敏感期なのです。

メッセージ8 「敏感期」がわかると、子どもがよく見えてきます。

最近は「敏感期」という言葉が、「臨界期」や「感受性期」という用語と共通の意味をもつものとして語られるようになりました。動物行動学者ローレンツや神経生理学者ヒューベルなどが、動物実験で「臨界期」の事実を明らかにし、一方、脳科学者たちが「感受性期」という用語で同じ事実を語り始めたのは20世紀後半になってからです。

このころから、「敏感期」という用語は、「臨界期」や「感受性期」と共通する事実として一緒に語られています。ド・フリースから約半世紀を経て「敏感期」という用語は一般化してきたのです。

20世紀後半になって動物行動学者や神経生理学者や脳科学者たちが語る「臨界期」「感受性期」「敏感期」という言葉は、教育の世界でも注目され始めています。幼児教育界では、「早期教育」がこの概念に便乗する傾向があるのは残念なことです。

モンテッソーリ教育が教える「敏感期」の見方、その特徴とエネルギーは、人間の子どもを観察して確認したもので、早期教育に役立てるためのものではありません。子どもが生き生きと喜び輝いて生きるのを支えるためのものです。

メッセージ 9

楽しくてたまらない!

「感覚の敏感期」のことを知って、
子どもと一緒に
感動しましょう。

小さい子どもは「見る、聴く、触れる、嗅ぐ、味わう」などの感覚が、大人にくらべてはるかに鋭いということを子育て中の人ならご存知ではないでしょうか。

人は「見る、聴く、触れる、嗅ぐ、味わう」の際に、「目（視覚）、耳（聴覚）、皮膚（触覚）、鼻（嗅覚）、舌（味覚）」という感覚器官を使いますが、これらは、人間が外の世界と関係をもつのに大切な窓口で、この窓口が完成し洗練されるのが、「感覚の敏感期」と言われる時期です。これらの感覚の一つひとつをよく使うことによって、それぞれの器官を完成し、その機能を洗練していきます。それはおよそ、3歳から6歳にあたります。

「感覚の敏感期」は、一生に一回きりの感覚を磨いていく時期です。すぐれた感性をもった人に成長するためには、まず外界から感じとる感覚を、この敏感期に磨いておかなければなりません。

ですから子どもが感動したり発見したりして喜んでいるとき、一緒に感動したり喜んだりすることが大事なのです。大人がそうしてくれると、子どもは自分の能力に自信をもち、自分の感性を信じ、自分らしく生きていける力を貯えていきます。

まず事例を見てみましょう。

①見る　「ウワー！　ダイヤモンドだぁ！」

「きれいねー」と一緒に見ましょう。

私の授業の後に学生のEさんが次のようなことを書いていました。

Eちゃんと Fちゃんが公園で遊んで家に帰っていたときのことです。ある木の下にガラスの破片が飛び散って、夕日を反射してキラキラと輝いていました。二人は思わず駆け寄って「ウワー！　ダイヤモンドだぁ！」と夢中になって拾いました。それを大事に手のひらにのせて帰ったEちゃんは、帰るなり元気よく「ママー、ダイヤモンドひろったぁー」と叫びました。迎えに出てきたママは、それを見て「まあ、よかったわねぇ」と一緒に喜んでくれました。Eちゃんは、ママが一緒に喜んでくれたことが何だかとても嬉しかったので、翌日、Fちゃんに、そのことを話しました。Fちゃんは、「あんたとこのママはええなぁ。うちのママいうたら、それガラスやんか。きたない。捨てなさい、って言わはんやもん。すぐ、捨ててしもたわ」と言いました。

成人した今、Eさんは私の授業を聞いて、同時に次の出来事も思い出したと書いています。

道端で小さな花を見つけて摘んで帰り、「きれいでしょ」とママに見せたときのことです。ママは「きれいね。でもこれは草だからすぐ枯れるよ。でも活けておきましょうね」と言って、ガラス瓶に活けてくれました。

翌朝、それが枯れているのを見て、「ああ、やっぱり、草だから枯れるのだ」と思ったことを覚えています。でもそれ以上に、ママが活けてくれたこ

メッセージ9　子どもと一緒に感動しましょう。

とがとっても嬉しかった気持ちを今も鮮明に覚えています。

視覚が洗練されるこの時期は、小さなものに目をとめ、微妙な差異に気がつき、美しいものに感激します。この時期特有のこの感じ方は大人にはもうないのですから、子どもがジーッと見つめていたり、驚いたりしているのに共感することは難しいものです。

でも、だからといって、子どもが「きれいだ」と言っているものを「きれいじゃない」と言ったり、子どもが宝物のように大事に拾ってきた石ころを「捨てなさい」と命じたりしてはいけません。そうされることが重なると、子どもは、「自分がきれいだと思ったものはきれいじゃないのか。自分にとって大事なものは、大事じゃないのか」と思うようになり、自分の感じ方や考え方に自信がなくなります。そして、本質的なものへの直感力がない人間になっていくのです。

最近のお子様のお稽古事ブームのなかで、大人が大事だと思うことに子どもを引っ張りまわしているうちに、この時期にだけ自然が与えた鋭い感性を踏みにじっているかもしれません。この感覚の敏感期に子どもは、いっぱい感動しながら生涯を豊かな感性で生きる土台を作っているのですから、その貴重なチャンスを逃さないようにしましょう。

②聴く「いろんな音が聞こえるよ」

一緒に耳を澄ませましょう。

給食を食べているDちゃん。何かを聞いているようです。となりのクラスから聞こえてくるピアノの音、お友だちがスプーンを落とした音、窓の外から聞こえる鳥の鳴き声、ヘリコプターの音にジッと耳を傾けているのです。食事がなかなか進みません。音に敏感なDちゃんにとって、どれも大切な音なのです。

メッセージ9　子どもと一緒に感動しましょう。

　Dちゃんは「聴覚の敏感期」なのだと理解できる保育士さんの報告です。なんと素敵な保育士さんでしょう。もし「聴覚の敏感期」だなんて知らない保育士さんだったら、食事が進まない理由を知ることができず、「Dちゃん、早く食べましょう」とか、「どうしたの?」と言うでしょう。

　食事をしながら聞こえてくる音に耳を傾けているDちゃんにとって、どの音も大切なのだ、とわかってあげることができるのは、「敏感期」を知っていればこそでしょう。こんなささいなことをわかってくれて、自分が生きるペースを大事にしてくれる大人が傍にいてくれるとき、子どもは幸せです。

　このような対応を受けた子どもは、「耳が洗練された」とかいう問題以上に、「自分が大切にされた」という実感をもった人になるでしょう。幼児期にこのように大切にされると、自尊感情が低い人間にはならないはずです。

③触れる 「フワフワだ」「ツルツルだ」

触らせてあげて下さい。

G君は、ママの胸や腕の下のやわらかいところを触りたがります。I君は、ママが洋服を着替えるとき、すっ飛んできてスリップを触ります。G君のママもI君のママも、内心おだやかではありません。「まあ、この子。男の子なのに、こんなところを触りたがって。エッチな傾向があるのかしら？」と案じてしまいます。

この時期が「触覚の敏感期」であって、さまざまの感触を楽しむときだと、知っていれば、こんな余計な心配や厳しさをもたなくてすみます。

毎朝、職員室にやってきて先生のソックスを触っていく子どもがいます。何かボソボソつぶやいているので、よく聞いてみると、この子は「フワフワ、フワフワ」と言

触覚の敏感期にいる子どもは、
さまざまな感触を楽しむ時期なのです。

っていました。先生のソックスはモヘアでフワフワしていたのです。毎日、先生のスカートを触りにきて「今日はスベスベ」「今日はあたたかい」などと手で感じた感触を表現する子もいます。

モンテッソーリは、「発生学的にみると、手と脳は同じ外胚葉からできているので、子どもが手で触りながらさまざまな抵抗度の違いを確かめているときは、脳も刺激されている。だから、そのときの子どもは小さな科学者なのだ」と言っています。

子どもが熱心に触る姿を見て、「小さな科学者だ」と感心するか、「触っちゃダメ」と叱るか、その相違は「感覚の敏感期」を知っているか知らないかにかかっています。

④嗅ぐ　「これ、ぼくのにおいじゃない」

子どもは「におい」で当てるのですね。

先生がウッカリしてJ君の頭に他の子の帽子をかぶせようとしました。するとJ君、帽子を見るまえに「これボクのにおいとちがう」とはねのけました。

そういえば、同じ形の同じ色の帽子がたくさんあるのに、子どもたちはちゃんと自分の帽子をかぶります。においでわかっているのですね。

先日、五人の女の子が今はやっている可愛いハンカチを持っていて「おなじ！　おなじ！」とはしゃいで遊んでいました。そのうちに、この五枚がゴチャ混ぜになってしまいました。そばで見ていた先生は「困ったわ」と思いました。ところが、子どもたちは少しも困りません。一枚ずつにおいを嗅いで「これ、Aちゃんの」「これ、Bちゃんの」と言いながら、所有者にちゃんと戻しているではありませんか。

所有者をにおいで当てるなんて、大人は苦笑してしまいますが、子どもたちには、自然のやり方です。これも「嗅覚の敏感期」のみの行為です。

⑤味わう 「ママが作ったハンバーグ！」

「おふくろの味」を知っている人は幸いです。

お弁当の時間を楽しみにしていたKちゃんなのに、食べ始めたと思ったら、すぐに箸を置いてしまい、その後は一向に食べようとしませんでした。心配した先生は、お迎えにきたお母さんにそのことを告げました。すると、お母さんは「私が悪かったのです。今朝は時間がなかったので、つい既製品のハンバーグを入れてしまったからでしょう」と言いました。Kちゃんは、ママの手作りのハンバーグが大好きで、「今日はハンバーグが入っている」とお弁当の時間を心待ちにしていたのです。ところが、一口食べると、期待していたママの味ではなかったので、食べられなかったのでした。

この時期は「味覚」も敏感期です。旬の野菜の甘み、新鮮な魚のうまみ、ママの味付け、ママがにぎった手のにおい、など微妙な味の差異がわかります。だから、この時期にお母さんが手作りしてくれた料理の味は生涯忘れることのできない懐かしい味になります。

でも最近は「おふくろの味」と言うと、「ふくろ菓子の味」だと思う人もいます。「ふるさと」とか「おふくろの味」という言葉は死語になりつつあります。「ふるさと」=「田舎」というイメージがなくなってしまったのは仕方ないこととしても、「おふくろの味」=「ふくろ菓子の味」と思うようになったのはなんともさみしいことです。「おふくろの味」は、時間をかけ手間をかけて自分のために料理を作ってくれた人がいたことの証しなのですから。

メッセージ 10

おもしろくてたまらないよ！

「運動の敏感期」には、
ありとあらゆる動き方を
一生懸命にやるのです。

３歳ごろになると、自分の意志がはっきりしてきて、子どもは「自分が主人公」「自分の行動の主人公」になりたいと思います。すなわち、自分の意志どおりに目的に向かって動きたいと思っているのです。

視覚、聴覚、触覚、嗅覚、味覚などの感覚器官の敏感期は、同時に、取り入れた情報を行動にする、運動器官の敏感期でもあります。

運動器官とは、随意筋とそれがついている骨格や神経などを含めて言うのですが、運動の敏感期には、随意筋を自分の思いどおりに自由自在に使いこなせるように調整するために、ありとあらゆる動きを全力投球でする時期です。

ある動きを身につけるために繰り返しやるのが楽しくてたまらず、そのために果てしない情熱が出てきます。あるお母さんの次のレポートは、それを現しています。

寝返りや這い這いなどが、どちらかというと遅めだった息子が、１歳を過ぎて歩き出したころのことです。ある日息子は、偶然に坂道を下りる楽しさを発見し、その日から「坂道マニア」となりました。くる日もくる日も嫌がる私の手をひっぱって坂道へ行き、自然に体が伸ばされて下りる感覚を楽しんでいました。最初は傾斜がゆるくて短い坂でしたが、次に身体障害者用のスロープへとグレードアップし、最終的には電車の線路の下をくぐる通路の自転車用のスロープという具合に挑戦が続きました。私が息子の「坂道マニア」に何とか付き合えたのは、坂道に行った日と行かない日とでは、息子の機嫌の良さにとても大きな違いがあったからです。

運動機能の発達には目を見張るものがありました。ヨチヨチ歩きだった歩行が、みるみるうちにしっかりとした足取りに変わりました。坂道を下りるスピードが自由に変えられるようになり、長い上り道を一気に上りきれるようにもなり、普段でも転ばなくなりました。日ごとに体が作られていくのがわかりました。また、おもしろいことに、歩行と平行して、聴覚が鋭くなりました。自転車用のスロープがある線路には、色々な種類の電車が走っているのですが、息子は見なくても、どの電車が走っているのかわかるようになりました。たぶんスピードや車両の長さによって音がちがうのを聞き分けていたのだと思います。

その後、息子は「階段マニア」になった他、色々なことに興味をもちました。一つのことから次のことに移るとき、飽きたからやめるのではないらしいことは何となくわかりました。

その後、近所の同年齢の子たちと遊ぶようになると、この変化が集団で起こるのを経験しました。私たち母親は、「今は○○ブーム」と言っていました。しかし、それぞれ別の個性をもって生まれてきたはずの子どもたちが、一定期間同じようなことを毎日繰り返すのを目のあたりにして、私は「マニア」とか「ブーム」という言葉ではかたづけられないような、子どもの心や体を駆り立てる何かがあるのだと感じずにはいられませんでした。

（岡島奈子）

「子どもの心と体を駆り立てる何か」とは、敏感期の強烈な感受性とエネルギーです。この事例が示すように、敏感期には、内面からこみ上げてくる強い感受性が、環境の中から今必要な経験ができるものを探し出し、そこに情熱をもって関わっていきます。しかも、それをするのが「楽しくてたまらない！」のです。

随意筋を調整するこの時期は、「ありとあらゆる種類の動き」を訓練します。ありとあらゆる種類といってもわかりにくいので、分類すると次の四種類くらいの運動です。

①体全体を大きく動かす。
②バランスをとる、つまり、平衡感覚や均衡感覚。
③肩と腕を一緒に使う。
④指先を使う。

具体例を挙げると、「そんなことをやっているわ」と思い当たることがあるでしょう。

①動いて、動いて、力いっぱい動きたいんだ。

人間が全力投球を惜しまないのは、一生に一回、この時だけです。

高校の体育の教師をしているS先生が、休日に4歳の息子を連れて山に行ったとき、その凄い動き方に驚嘆しました。動ける場所と手がかりがあれば、子どもの動き回るエネルギーは際限がないのだと、体育教師のわが息子ながら、その惜しみなく全力投球する姿に「あっぱれ!」と脱帽したのでした。

体育教師も脱帽するほど全力投球で動く幼児の姿に私も出会ったことがあります。かつて私が園長だったとき、サッカーのワールドカップの年のことです。男性の先生の指導の下で子どもたちのサッカー熱が盛り上がり、広い園庭を全力で走り回る日が何カ月も続きました。9月に入ると彼らは運動会でサッカーをしたいと申し出てきました。どのようにするかは自分たちに任せてほしいというのです。男の子たちはサッカーを、女の子たちはチアガールを、自分たちで企画し生き生きと準備を進めました。

運動会の当日はあいにくと朝からどんより曇っていました。そしていよいよサッカーが始まったときに、ポツリポツリと雨が落ちてきて、サッカーの進行に比例するように雨は強くなってきました。ところが、子どもたちは雨などおかまいなしに戦い続けるのです。転んで泥まみれになっても必死で全力投球する男の子たち、それを応援するチアガールたちも必死です。その凄まじい迫力が運動場にみなぎり、観戦する大人たちも感動の涙と雨でズルズルになったのでした。

この時期は、一生に一回だけの「全力投球を惜しまない」時期なのだそうです。この時期を過ぎると人間は省エネ時代に入っていき、なるべく動かないですむように工夫するようになります。

運動の敏感期に、トコトン全力を出し切って動く経験をした人は、その後の人生で「いざっ!」というとき、全力投球でがんばり抜き、困難を乗り越えることができます。

逆に、この時期に全力を出し切って努力する経験をしなかった人は、その後の人生

メッセージ10　ありとあらゆる動き方を一生懸命にやるのです。

で「もう一歩がんばればできる」ときでも力を出し切る前にあきらめたり、引いてしまうのです。だから、全力で動き回りたいこの時期には力いっぱい動ける機会を提供しましょう。

② 曲芸っておもしろいなぁ。

バランスをとる時期です。
「あぶない！　あぶない！」って、とめないで下さい。

道路の白線の上をヨタヨタ歩いたり、ちょっと高くなったブロックの上を危なっかしげに歩いていると、反射的に「あぶない！　だめよ！」とストップさせてしまいます。でも、この時期は、こんな曲芸をしながらバランス感覚を身につけるのですから、反射的にやめさせるのを控えましょう。危険でないかどうかに注意を払いながら、大人が意識して見ていると、子どもも意識して慎重にやりますから、事故に連なるような失敗はしないものです。

モンテッソーリ教育を実践している教室には、2×3メートルほどの空間があって、そこに幅5センチくらいの白いビニールテープで楕円が描かれています。その白い線の上を子どもたちは片足の前に他の足を交互に置き、綱渡りのように歩きます。教師が最初にどのように足を運ぶかを黙ってハッキリして見せると、子どもたちはして見せられた運動に合わせて、転ばないように平衡を保って緊張して進んでいきます。

平衡を保って歩くことを覚えると、手に燃えるローソクを持ったり、頭の上に何かを載せたりして歩き、より高度の平衡感覚を身につけることに挑戦します。これは「線上歩行」というモンテッソーリ教育のなかでの重要な練習の一つですが、これを毎日繰り返すうちに子どもたちの歩き方は安定し、身のこなしがしとやかになり落ち着きが生じてきます。

幼児期に、さまざまの機会を見つけて体の平衡感覚を身につけた子どもは、その後の生活で不注意から事故に遭うことが少ないでしょう。好き勝手に危ないこともさせ

バランス感覚を身につけているのです。

てよいのではありません。傍で見ている大人が、「子どもは、バランス感覚を身につける訓練中」であることを意識してバランスをとる訓練に挑戦することを注意深く見守ることが大事なのです。

③ヨイショ！　ヨイショ！

「あっ、落とす！　落とす！」と取り上げないで下さい。

子どもは、重い物を持つのが大好きです。均衡感覚といって、重い物と自分の体力との均衡関係を保ち合っているのです。子どもが重い物を「ヨイショ！　ヨイショ！」と持っていようものなら、「あっ、落とす！」と取り上げたり、「ダメよ」と阻止したり、代わりに持ってやったりする大人が多いので、子どもは均衡感覚を身につける訓練がなかなかできません。

かつて、私の園長室からよく見えるところに小さな人工の山がありました。子どもがその山に大きな石を抱えて登るのを何度か見かけたものです。それは明らかに「重いものを持つ」ことへの挑戦でした。重い石を抱えて登って山の上で何かするわけでもないのです。彼らは、「重いものと自分との均衡感覚を身につける」という自然からの宿題をがんばってやっていたのではないでしょうか。

重い物を持ちたがり始めたころから、何度もしっかり持って歩いた子どもは幼児期の終わりごろにはすでに挑戦する力や耐える力が育っています。買い物の帰りに重い物を持ってもらったり、お膳立てのときに食器を載せたお盆を運んでもらったりしましょう。

メッセージ 11

手を使ってやってみたいよ！

折る、切る、貼る、縫うなどの
手先の活動をすることで、
脳が鍛えられるのです。

「手」を使う必要性を強調したことは、モンテッソーリ教育の特徴の一つです。「手」は人間に与えられた莫大な宝ともいうべき器官」だと言い、子どもを研究するには「手の発達」および「平衡と歩行の発達」の二つを追っていく必要があるとも言っています。

「手の能力の発達は、人間の知能の発達と結びついている」ので、子どもがその精神の構成に必要なものを自分の周辺からつかみ取ろうとし始めるとき、その活動を促す物を身辺に見つけることができるようにしてやらねばならないというのです。

子どもの手の活動をむぞうさに禁止することは、その発育の抑圧であり、子どもに永久に黙っておれと言い渡すのと同じだ、とモンテッソーリは言います。そして『幼児の秘密』という著書に次のように書いています。

「幼児の手の活動は、人間の労働の片言ともいえるでしょうが、幼児に活動を促す品物が必要です。それがあれば、子どもは、大人が子どもに期待するすべてのものを、はるかに越える作業をし遂げるのが見られます。（……中略……）

ごく小さい子どもでも、正しく整えられた環境さえあれば、早熟なきちょうめんや熟練で、おとなをあぜんとさせるような作業をし遂げることも珍しくありません」

①のこぎり、金槌、スコップ……こんなもの、使うのって楽しいな！

手と腕を使う活動で自分の体を守る力を育てるのです。

現代の生活では、「のこぎりで板を切る」「金槌で打ち付ける」「スコップで土を掘り起こす」などの作業を日常生活の中で行うことはほとんどなくなってしまいました。このような道具を使わなくても、何事もワンタッチで解決する時代です。腕と肩に力をこめてのこぎりで挽く、金槌で打つ、スコップですくう、などは、大人が道具と場を準備して意図的にさせてやらない限り、生活の中で経験することができません。

「そんな道具を使わなくても生活できる時代なのだから、わざわざ経験させる必要はないじゃないか」と思う人は多いかもしれません。

ところが、幼児期には、腕と肩を思いどおりに動かす経験が必要なのです。この経験をしない現代の子どもたちは、転んでも手をついて体をかばうことができません。そのために、転んで歯を折ったり、舌を噛んだり、顔面に怪我をする子が増えています。

ですから、幼児期には腕と肩を一緒に動かして道具を使う経験が必要なのです。のこぎりや金槌などを使う機会を意図的に提供しましょう。

使う前には、第1章で説明したように、その正しい使い方を「して見せる」ことが大切です。幼児期の発達に必要なこの種の運動の機会を得ると、子どもは夢中になり「物づくり」に専念します。

この楽しみを味わえる機会は、大人が意図的に準備してやらねば得られません。ある幼稚園では、木工室があって、町の材木屋さんからもらってきた廃材を子どもの手や腕の力に合うサイズに裁断してあります。のこぎりで挽く、金槌で打つ、など肩と腕を心ゆくまで使って活動した後、子どもは落ち着いてくるものです。

②折る、切る、貼る、縫う、……こんなことするの大好き！

指先を自由自在に使えるようになる時期ですから、たくさんの経験をさせましょう。

就学前には、「読み、書き、計算」よりも、「折る、切る、貼る、縫う」ことを自由にできるようにしておくことのほうが大切です。現代は、ワンタッチでなんでもできる時代ですから、「折る、切る、貼る、縫う」なんてできなくてもよいではないか。それよりも、幼児期に外国語や楽器を自由に操れるようにしてやるほうが、将来のためになる、と考える大人は多いでしょう。でも、ここで注目したいことは「手を使う」ことの重要性です。モンテッソーリは次のようなことを言っています。

手を使うことで、脳が働き、強い性格が育つのです。

「子どもの知能は、手を使わなくてもある水準まで達するのですが、手を使う活動によってさらに高い水準に達し、自分の手を使う子どもはさらに強い性格を有します。手を使って環境に働きかける機会をもたなければ、子どもは幼稚な段階にとどまっています。

環境の特殊事情によって子どもが手を使えない場合には、性格が極めて低い水準にとどまり、従順ではいられず、積極的でなくなり、不精で陰気な性格になってしまいます。ところが、自分の手で作業できた子どもは、明瞭な発達と性格のたくましさを示します」

幼児期に手を使うことが大事なのは、器用になって生きていく上で役立つからという理由ではありません。随意筋を自分の意志どおりに使えるようになっていくこの時期に、「折る、切る、貼る、縫う」のような手先の活動を身につける過程で、脳のさまざまの部位がフルに働くので、モンテッソーリが言っているような強い性格が育つのです。

メッセージ 11　手先の活動をすることで、脳が鍛えられるのです。

モンテッソーリは「手と精神の関係」に幾重にも言及していますが、その根拠を語ることはできませんでした。彼女は大脳生理学に強い関心を抱いていましたが、当時の研究はまだ彼女が注目した「手と脳」の関係を明らかにしていなかったのです。「大脳生理学」は19世紀後半からの大きな潮流でしたが、それはやがて「神経生理学」へ、そして21世紀に入る直前に"生きた正常な脳"の中を測定する機器や技術の革新によって「認知神経科学」へと飛躍的に進展してきました。もはや「21世紀になってから書かれている本しか信用しないほうがいい」とさえ言われるほど脳研究は凄い勢いで進歩しているそうです。

その日進月歩の報告の中で、「運動するときは、脳の運動野の神経細胞が働いて運動の指令を出す」ということがわかってきたのは1960年代の終わり、そして1990年代の終わりには「繰り返し手の運動をすると、脳の運動野が働く」、さらに「運動野だけでなく、もっと広い範囲の脳領域が働く」ということが新たに発見されたのだそうです。脳科学のそのような報告は、素人にはよくわかりませんが、「手」を使う重要性を主張してきたモンテッソーリ教育の関係者にはなんとも魅力ある言葉です。

「折る、切る、貼る、縫う」など、「大きくなればできるようになる」と言って、やり方を教えないことは、不器用になるだけでなく、脳の働きを狭めているのかもしれません。子どもが、教えてもらったやり方を、思い起こしながら、順序を踏んで、手で実行する、という活動をしているとき、前頭前野のワーキング・メモリが働いているのは確かなようです。

前頭前野は、計画力や段取り能力、判断力や創造力を生み出す部位だというのですが、幼児期にモンテッソーリ教育を受けた子どもたちが小学生以降に現してくる特徴は、まさにそのような力です。自分で考えて自分で選ぶ、計画を立てる、段取りが良い、目標を立ててやり遂げる、臨機応変に対処できる、などがモンテッソーリ教育を受けた人の共通の特徴だからです。

モンテッソーリが、「手の能力の発達は知能の発達と歩調を合わせて進行します」と言ったことは、現代では脳科学の知見によってもっと科学的に証明できるのかもしれません。

第3章

子どもは動きながら学ぶのです

メッセージ 12

知性の働きの原点は、「同一性」と「区別」を見つけることです。

モンテッソーリは「知性の働きは、区別すること」と言いました。そして、知性が働くときに人間の活動は「自発的」になることに着目し、子どもがいつも知性を働かせることができるように援助しました。つまり、子どもが扱う物には、「分ける」「合わせる」「くらべる」「集める」などができるようにしたのです。子どもは、知性を働かせるときに、深い充実感を味わい、生き生きと自分から活動を発展させていきます。「区別する」ことと「同一性」を発見することとはコインの裏表のようなことで、子どもは「同じ」ものを発見すると、それを他の物から「区別する」のです。まず、子どもが「同一性」を発見して喜び、自発的に活動を発展させていく事例を見ながら、子どもの知性について考えてみましょう。

2歳の誕生日を迎えようとしていたU君。外で砂遊びをしていたとき、「おんなじ」と言って、コップを両手に一つずつ持って見せにきました。U君は何とも嬉しそうな表情でした。私は「あっ、これが知性の芽生えだ」と感じました。

次には、スプーンの同じ物を見つけ見せに来て、次々と同じ物を見つけて満足そうでした。それからは、お友だちの服と同じ色の服を見つけると、「おんなじだね」と喜んで、二人でほのぼのとした雰囲気で遊びだしたり、「○○ちゃんと△△ちゃんと同じ」と次々に同じ色を見つけて喜んでいました。

お散歩のときに見る工事現場でのパワーショベルは大人気で、その動きをジッと見つめて、5分、10分……と身動きもせずに立ったまま見ていることもたびたびでした。園に戻ると、絵本でパワーショベルを見て、「同じ」と満足している姿が日課のようになっていました。次第にその内容も詳しくなって、「ガガガって、ここ動いたね」とか「おっきいね」とか、U君の観察力の凄さに驚かされました。パワーショベルがダンプカーに土砂を入れているのを見たとき、拍手をしていたU君。土砂がこぼれずにダンプカーに入ったことが素晴らしかったようで、ダンプカーが動くまで、ずっと拍手しながら見ていました。

メッセージ12　知性の働きは、「同一性」と「区別」を見つけることです。

その頃からU君は、パワーショベルだけでなくクレーン車（お散歩のときに出会った）やタンクローリー、救急車など、色々な車の絵カードをペアリング（絵カードが二枚ずつあるので、それを合わせる活動）することを毎日楽しんでいました。

絵カードやパズルなどで「同じ」を楽しむようになると、他の子どもたちも次々に「同じ」を見つけて「おんなじ」と言い、喜ぶようになってきました。S君は、ままごとの食べ物の中からケーキだけを取り出して、きれいに並べたり、みかんだけをその中から選んで、一列に並べたり、次々に同じ物を見つけては、取り出して並べていました。全部並べ終わると、満足そうな表情で並べた物を眺めていました。

1歳になった頃は、友だちが持っている物がほしくて取り合いになることがありましたが、「同じ」に目覚めた子は、ほしがっている子に同じ物を見つけて手渡してあげたりします。「知性の働き」の現れのすばらしさを実感させられます。

そして、知性の萌芽を伸ばすことにより、知性を備えた人間が気品ある成長を遂げていく様子を目のあたりにすることができます。

（柳村けい子）

「同じ」を発見して喜ぶのは、1歳の終わりごろから始まり、それが、「区別する」ことにつながっていきます。前記の例では、ケーキだけを取り出す行為は、ケーキと他の物を「区別する」ことに他なりません。「知性の働きの原点は同一性と区別だ」と言うと難しく聞こえますが、人間は生まれて1年もしないうちに、こうやって知性を働かせ、それが内面から溢れ出る喜びや自発性や他者への思いやりという人間としての品位を生み出すのです。

メッセージ

13

同じ物を集めよう。
同じ物どうし合わせよう。
較べよう、順番に並べよう。

分析、集合、対応、比較などして、
数学的知性を働かせているのです。

「子どもは動きながら学ぶ」とモンテッソーリは言います。ドタバタと無秩序に動き回りながらではなく、手を使って「分けたり、集めたり、合わせたり、較べたり」などしながら、つまり動きながら知性を働かせているのです。

知性を働かせて動いているときは、黙々とした静けさが伴います。例えば、次のような場面です。

長女が2歳のころです。やけに静かなので部屋をのぞいてみると、驚きました。ブロックの入っている箱から、動物のブロックだけを取り出して、一列に並べているではありませんか。しかも、同じ動物ごとに分けながら。しばらく見ていると、すべてが並びました。おそらく30個は超えていたと思います。出来上がった動物の行列を眺める娘の顔はなんともいえない達成感に満ちていました。

あのときの持続力は、さまざまのブロックの中から、動物のブロックだけを区別し、さらにその中から同じ動物どうし集めて並べるという、知性の働

分けたり、集めたり、合わせたり、較べたりしながら、
知性を働かせているのです。

きによるものだったのです。

2歳のときの姿を思い出してこれを書いたお母さんは、それから4年後、次のような場面に出会いました。「知性の働き」という点で共通しています。

先日、娘たちと大型の手芸店に行ったときのことです。買い物を終え、帰ろうとしたときボタン売り場の前を通りました。さまざまなボタンが小さな引き出しに入って並んでいました。ちょうど子どもの目線に入りやすいところに、かわいらしい動物やキャラクターのボタンの引き出しがありました。娘たちは、「わあー、かわいい！」と引き出しを開けて、中をのぞいていました。すると種類別にきちんと分けてあるはずの引き出しの中に、行き先不明のボタンが十数個は入っていることに、長女が気がつきました。

そして、その中の一つ、雪だるま形のボタンを取り出し、その引き出しを捜し始めました。

次女も一緒になって、「これは、ここだよ」と百以上もある引き出しから、正しい引き出しへボタンを戻す作業が始まりました。すっかり帰るつもりになっていた私は、「もう帰ろう」と言ってから、娘たちが今、生命の法則に従って行動しているのだということに気がつきました。

この後何か予定があるわけでもない、お店の人だって助かる、他のお客さんの邪魔にもなっていない、それなら、終わるまで見てみようかと、そんな気持ちになりました。娘たちの「較べて、合わせる」という知性の働きによる作業は着々と進み、最後の一つが終わると、「あー、終わった」と言って、すっと立ち上がり当然のように歩き始めました。娘たちは達成感を味わっているようでしたし、私自身もとても清々しい気持ちで帰路につくことができました。

（鈴木真理加）

「敏感期」を見る目があることは大切ですが、同時に「知性の働き方」を見る目があることも必要です。子どもが夢中になって活動するのは、敏感期によるものだけではありません。

敏感期のエネルギーは、ある一定時期になると動物にでも内面から出てきますが、人間は動物にはないもう一つの強烈な活動の原動力があります。知性です。

知性が働くときには、子どもでも黙々と主体的に自発的に活動を続けるのです。だから、知性の働き方を見る目があると、より的確に子どもの活動を理解し援助することができます。

前述のレポートを書いたお母さんは最後を次のように締めくくっています。


子どもは生命の法則に従って行動します。それが時には大人にとって困ることであるかもしれません。しかし、なぜそうするのかがわかれば、子どもの見方も変わってきます。また、それが今その子にとって必要なことだとわかれば、その環境を整えてあげることもできます。モンテッソーリが子どもを発見したように、私たちも目の前にいる子どもを見て、何が必要なのか、どう対応したらよいのかを見つけていけたらと思います。（鈴木真理加）

メッセージ

14

もう一度、もう一度、
もう一度、もう一度……。

知性の性質は自発性です。
知性が働くとき、
持続し、発展し、深まります。

子どもが、「もう一度、もう一度、……」と同じ行為を延々と繰り返す根底には、二つの原因があります。一つは「敏感期」の強烈なエネルギーが溢れ出ているのです。もう一つは「知性」が生き生きと働いているからです。知性は宇宙の果てまでも知りたい欲求なので、「自発性」という性質があります。

知性は、前述した「分析、集合、対応、比較」というような論理数学的な構造で働く場合だけでなく、「抽象、因果関係、時間」のような哲学的論理、「空間、図形」のような幾何学的性質に沿って展開する力など、他にもまだあるのですが、ここでは子どもの生活でよく見かける姿から考えましょう。

例えば、「マル」「サンカク」「シカク」などの言葉をおぼえたら、自分の周辺にある物の中から「あっ、マル！」「これ、サンカク！」「あれ、シカク！」などと指さすのは、子どもが雑多な具体物の中から抽象する働きをしているしるしです。

H先生は、「①蛙の卵→②おたまじゃくし→③足が生えたおたまじゃくし→④蛙」までの過程を、四枚の絵にしたペープサートで説明しました。すると、どうでしょう。子どもたちは、毎日毎日このペープサートをしてほしいと先生にせがみます。

知性を働かせているから、何回でも見たいのです。

先生が始めると静まり返って見入っています。簡単な、たった四枚の絵を使っての説明ですから、子どもたちは当然その筋道も先生の説明の言葉も暗記してしまっているのですが、それでも熱心に見ているのです。

なぜでしょうか？　子どもたちにとって、「ぐにゃぐにゃしたゼラチン状の中に入っている卵」から「おたまじゃくし」、それから「足が出たおたまじゃくし」、そして「蛙」になる過程の中に因果関係を見ているのでしょう。知性を働かせて見ているのです。だから、何回でも見たいのです。

人間が知識を確実に「自分のものにする」過程には、次の三つの段階があります。第一段階は、「感覚」で捉えて、「ワアー！」と驚くというような「経験」をします。そして、驚いたこと（物）に対して、「どうなっているのだろう？」という問いを抱きます。

第二段階は、その問いを解決するために「知性」が働き始めるのです。驚いた対象を、分析したり、比較したりして調べるのが知性の働きです。こうやって対象を理解すると、「なるほど！」と思います。すると、また新たな問いが生じます。「ほんとうだろうか？」と、人間は確かめなければ気がすまないようになっています。そこで次の段階に入ります。

第三段階は、確かめるために「理性」が働き始めます。ここでは「感覚」や「知性」とは異なる原理が働くので、それを「理性」と呼びます（日本では「知性」や「理性」の概念規定が曖昧ですから、この用語自体にこだわらないで下さい）。理性は根拠に照合して確かめる働きをし、「やっぱり！」と納得するに至ります。そして、これは正しいとか正しくないという「判断」が生じます。

この三段階、つまり、最初に感覚で経験し、次に知性で理解し、最後に理性で判断して得られた知識は完全に自分のものになります。この三段階に整理して説明する論理は、Ｂ・ロナガン（１９０４〜１９８４年）という哲学者によるものなのですが、モンテッソーリも子どもが確実に知識や技術を「自分のもの」にしていく過程に、これと同じ道筋を見ていました。

子どもが繰り返し、繰り返し、同じことをやっているときには、無意識のうちに、前述の三つの段階を踏みしめているのです。

最初は、「ワァー、きれい」「ワー、やってみたい」という感覚からくる経験から始まります。

次に、「どうすればできるか」「どうなっているのか」などを大人から、はっきり、ゆっくり「見せてもらう」のです。

次に、説明してもらったことを自分の知性を使って追いかけながら「なるほど」と理解します。

すると必ず「ほんとうかな?」と確かめたくなり「もう一度」とやってみます。特に、随意筋を使っておぼえることには、できるようになるまで「もう一度、もう一度」と繰り返します。また、絵本などから得る知識も「もう一度、もう一度」と繰り返すことによって、確実に自分のものにしようとします。

幼児期には同じことを繰り返すことが非常に大切です。徹底的に繰り返して自分のものにすると自信が出てくるだけでなく、それを基に応用したり発展させることができるようになるからです。20世紀は進化論の影響で、先へ先へと早く進むのが発達であり進歩であるかのような価値観が支配していました。21世紀には別の価値が現れつつあります。「ゆっくり」こそ、本質を選び出すために大事な過程であり、早いことよりも深いことが大切だということが、脳科学者によって語られ始めています。

幼児期に自分の知性のリズムで、じっくり繰り返す経験をすると、小学校以降の勉強や習い事を自分で開拓し進めていく人になります。

幼児期に子どもが知性を働かせている姿を見る目をもち、「あっ、これは知性の働きだ」と気がついたら、その子の知性のリズムで展開していけるような状況を作ってあげましょう。

そのためには、日常生活の中で、下着や洋服を片付ける場所を指定し、シールを貼ってあげて、子どもが自分で考えてシールに合わせて片付けることができるような、そんなささやかな工夫から始めてみましょう。

子どもが反応するのに出会うと、そこから次々にアイデアが湧いてくるものです。このような、ささやかな努力を抜きにして、親の一存でお稽古事や塾に連れて行くことが将来のために役立つと思っている方が多い昨今です。でも、知性を働かせる根本のところでの経験がなければ、かえって小学校以降に、「言ってもなかなかしない」「言われなければできない」などにつながってしまうでしょう。

第4章

子どもには自分を成長させる「活動のサイクル」があります

メッセージ

15

自分で選んだのだから、
やりぬくよ。

自分で選ぶ力こそ、
人間の最高の品位です。

子どもは、自分で「自由に選んだ」ことは続けます。自分が自由に選んで始めたことは、どんなに難しくても投げ出さないで何回でも何日でも「繰り返す」ものです。繰り返しやりながら「集中」していきます。真剣にかかわり集中してやり抜いたことには必ず「終わり」があります。誰から促されたわけでもなく自分から「これで終わりにする」とやめるのです。

この一連の流れ、①自由に選ぶ→②繰り返す→③集中する→④完了感をもって終わる、という四つのステップを踏みしめた活動を「活動のサイクル」と呼びます。この「活動のサイクル」を経ると、子どもは安定し、素直になり、他の人に優しくなり、自立の程度がひとまわり増します。

だから子どもが、この「活動のサイクル」を踏みしめる過程をサポートすることこそ、教育のもっとも基本的で重要な役割です。教育の全ての努力は、結局は、子ども自身がこの「活動のサイクル」を自分で歩み抜けるよう、そのための環境を整えたり、援助したり、することにかかっていると言えます。

そこで最初に配慮すべきことは、子どもが「活動のサイクル」を歩み出すスタート点での援助です。何よりもまず、子どもが自分で「自由に選ぶ」ことを可能にしてやらねばなりません。でも、「理論的にそう言われても、現実の生活で具体的にどうするのかがわからない」と思う方々は多いはずです。次のお母さんの言い分には多くの方が共感されるかもしれません。

長男が幼いころ、私はまだモンテッソーリ教育に出会っていませんでした。共働きのため、当時、仕事前に長男を託児所に連れて行き、帰宅後は、夕食、お風呂、就寝とあわただしく毎日を送っていました。「洋服を着る」「靴を履く」「自分で食べる」といった日常生活に関する基本的なことも、子どもにやらせたら「時間がかかる」「幼児には無理」といった考えから、一切やらせたことはありませんでしたし、それが当たり前だと思っていました。

たくさんの方々が、このお母さんと同じ状態で仕事と育児に追われる日々を送っていらっしゃることでしょう。こうして飛ぶように幼児期が過ぎ去り、わが子が小学校

メッセージ15　自分で選ぶ力こそ、人間の最高の品位です。

に入ってから、いろいろな問題が目立ってくるとき、「あのときに足りなかった配慮」に気づかされるものです。

このお母さんは、小学校一年生になったある日、担任の先生から「整理整頓ができない」ことを注意されました。帰り際に教室の机をのぞいて見ると、プリント類は丸めてつっこまれている、机の横にかけるべき雑巾まで机の中に丸めて押し込まれている……と確かにひどい状態でした。

その時点では、「この乱雑さは、彼のだらしない性格のせいだ」と、子どもを責め、その後は、ことあるごとに口やかましく整理整頓させるように仕向けたつもりだったのだそうです。しかし、なかなか改善されないので半ばあきらめてしまいました。

ところが、このお母さんがモンテッソーリ教育に出会ってから、自分自身の態度や教え方に反省や発見が生じたのです。そのときの心境を続けて紹介させていただきましょう。

モンテッソーリ教育の「日常生活の練習」という領域では、幼児の模倣期をうまく利用して、一つひとつの動きを提示し（して見せ）、秩序立った動き方、身のこなし方を伝え、そうすることで子どもに動きを獲得させるのだと学びました。

私は、長男の整理整頓が極端にできないのは、彼が大人の真似をしたい衝動がある彼の模倣期に何でも親がやってしまったことにより、彼の自立の芽をつぶしたせいではないかと気づきました。

例えば、モンテッソーリ教育では、「折る」ときには、端と端を合わせて正しく折ることを、ゆっくり提示し（して見せ）身につけさせています。長男が模倣期にそれを学んでいれば、今ごろ机の中のプリントは丸まっていないのでは……などと反省しました。

さらに、アイロンのかけ方、洗濯の仕方、掃除の仕方、など日常生活の練習の分野が広がっていることに大変興味をもちましたが、長男は今さら提示しても「面倒くさい」と言ってやらないだろうなと思っていました。

「日常生活の練習」の領域を習って自宅に戻った私は、すでに9歳になって

模倣期を過ぎても、ゆっくりやって見せると、
子どもはやりたがります。

模倣期をとっくに過ぎた長男に学んだことを試してみたくなりました。その日はアイロンがけの提示を学んだので、長男の横でアイロンがけを始めました。霧吹きでシュッシュッと吹きかけ、ゆっくりと、そしていかにも楽しそうにシャツにアイロンをかけてみました。そして、「てっちゃんもやってみる?」と聞いてみたのです。そうすると、「やりたい」と言ってきたので、もう一度正しいアイロンがけの仕方を、ゆっくりして見せ、それからやらせてみました。

彼は、めったに見せない真剣な顔をして大変な集中力でシャツを次々と丁寧に霧吹きを吹きかけ、アイロンをかけていきました。1時間ほど経ったでしょうか。彼は1週間分の父親のワイシャツをあきもせず全部仕上げていました。もう夜も遅くなってきたので、「ありがとう。とっても上手にできたね。そろそろ寝ようね」と言うと、「もっとお手伝いすることない?」とたずねてきたのです。

せっかく集中しているので、ここでやめさせてはもったいないと思い、今

メッセージ15　自分で選ぶ力こそ、人間の最高の品位です。

度は階段の拭き掃除を教えてみました。ほうきで掃き、雑巾を固く絞り、拭く、作業をして見せると「おれがやりたい」と言ったのでやらせてみました。その作業をまた30分以上も続けてきれいに拭き終えました。時計はすでに11時を過ぎていましたが、とってもすがすがしい顔をして、「ふうー」と大きく深呼吸して、「おやすみなさい」とあっさり寝てしまいました。

この長男の現象に、「子どもは、自分で自由に選んだときだけ真剣に取り組み、何度も繰り返し、そうしながら集中現象を起こし、満足感や達成感をもって作業を終わる。こうして正常化に至る」というモンテッソーリの子ども観を見たような気がしました。（……中略……）

幼児期の敏感期を無駄に過ごさせたかもしれない9歳になる長男。しかし、まだ取り返しがつくのではないだろうか。

（斉藤寿美子）

「活動のサイクル」を踏みしめて子どもは良い状態に変わっていくのですが、その出発点は、子どもが自分の意志で自由に選ぶことです。でも、自分から「やりたい」と飛びついても「やり方」がよくわからなければ、すぐに投げ出すでしょう。

子どもが選ぶものは自分が知っていなければならないのです。このお母さんが、「やり方」を子どもが理解できるように「して見せた」ことに注目しましょう。

メッセージ
16

仕事中だから
邪魔しないでよ。

大人の勝手な介入が、
子どもを苛立たせるのです。

仕事中に突然「ちょっと来て」と呼ばれたら、「ちょっと待って。ここまで終わったら行くから」と答える経験は誰にでもあることでしょう。子どもだって今すぐ従うことができない状況があります。

特に、成長という自然のプログラムに従って、自然が命じる作業をやっている最中は絶対に中断できないのです。それを知らない大人は、「いつまで続けるの。もういいかげんにやめなさい」「もう、それはいいでしょ。次はこれをしたら」などと、子どもにやめさせたり、強制したりします。

そうやって、いつも「活動のサイクル」を中断されていると、子どもは、本気で自分の力を出し尽くして最後までやり抜こうという気力を失っていきます。コツコツと自分のリズムでじっくり取り組む習慣もなくなります。

だから、子どもが一生懸命に何かに取り組んでいるときは、子どもが自分の成長のために大事な仕事をしているのだと、自分に言い聞かせ、見守る習慣を身につけましょう。

モンテッソーリは「大人は子どもに対しては命令する権利をもっている暴君のよう

メッセージ16　大人の勝手な介入が、子どもを苛立たせるのです。

に振舞う」と言っています。あるお母さんの次の詩に共感する方は多いでしょう。

子どもができたとわかったときに、
「良い母親」になろうと決めました。
それなのに現実は、
良い子育てをしたい私とできない私。

（……中略……）

ある日、ふと気づきました。
一番なりたくなかった母親になっていた私。
怒り、叫び、罵りながら、
「はやく、はやく」と急き立てる。
未熟さを「子どものせいよ」と押し付けて。

「はやく、はやく」と急き立てて、つい声を荒立てる大人には、二つの苛立ちがあります。

一つは、子どもが不器用で、モタモタしてなかなかできない。

もう一つは、子どもがやっていることをなかなかやめなくて、こちらの要求に従ってくれない。

「幼稚園にいく時間に間に合わない」「ごはんの時間なのにこない」「寝る時間がきているのにまだ夢中にやっている」などなど、お母さんが苛立つのは当然ですよね。

「こんなときにも〝活動のサイクル〟続行中だからって、悠長に見ていていいのですか？」

「やりたいままにさせておいては、生活のリズムをつけることができないでしょう」

「幼児期に好きなことを、やりたいだけする習慣がついたら、後で社会の規律に従うことができない自分勝手な人になるのではありませんか」

などの心配もわかります。それらの質問はいずれもごもっともです。

メッセージ16　大人の勝手な介入が、子どもを苛立たせるのです。

じゃあ、どうすればいいのでしょうか？
まず、一足飛びに解決の方法があるとは思わないで下さい。大人のほうが順序を踏んで、子どもの中に徐々に、「自分で区切りをつける」判断力と決断力を育てていくことが必要なのです。でも、その育て方がわからないのですよね。そこで、モンテッソーリ教育を実践している幼稚園や保育園や子どもの家でやっている実際を紹介しましょう。

〈例1〉
　11時になったら個人作業をやめて、みんなで先生のお話を聴いたり、一緒に歌うというスケジュールになっているとします。ところが、Aちゃんは、集まりの時間になっても、まだ「活動のサイクル」続行中。とてもやめられません。Aちゃんが今すぐにやめられないのを読み取った先生は、みんなが集まる場所の邪魔にならないスペースにAちゃんの仕事場を移動してあげます。そして、Aちゃんには続けさせたまま、他の子どもたちとは毎日のスケジュールどおりの活動をします。

Aちゃんは自分の仕事を続けながら、実はちゃんとわかっているのです。「自分だけが、みんなと違うことをやっている。本当は自分もみんなと一緒にするべきだ」と。こんな状態が幾日か続くうちにAちゃんは、だんだん早く自分の仕事を切り上げて、みんなの活動に加わるようになっていきます。そして、やがては、「ああ、もうすぐ集まる時間だな。今からこの仕事を選んだら間に合わないぞ。じゃあ、今は時間までに終わることができそうなこれをやろう」と状況を考えて、適切な選択をするようになっていきます。

〈例2〉

時計を示して、「この針が、ここにくるまでに終わりましょうね」と、10分ほど前に終わりの時間を予告し、心づもりさせます。

〈例3〉

どうしても時間どおりに動けない子どもには、「今日は、どこまでしたらやめる?」と自分で区切りの時や箇所を決めさせ、表明させます。

メッセージ16　大人の勝手な介入が、子どもを苛立たせるのです。

人間は、自分の生き方が真に尊重されると、他の人の生き方をも尊重するようになります。子どもは、自分の活動のリズムを大切にしてもらうと、次第に周囲の生活のリズムに従うことのできる意志が育っていくのです。

一人ひとりの子どものリズムと「活動のサイクル」をまず尊重しながら、子どもの中には社会の規律やリズムに従うことのできる力があることを信じて待ってみましょう。その努力をしないで、高圧的に「早くしなさいっ！」と命令すると、命令する側もされる側も苛立ち、作用と反作用の悪循環が生じます。

子どもが、キーキーとかんしゃくを起こしたり、横暴に立ち向かってくるときは、必ず原因があります。大人が子どもの心の聖域を無視した場合、子どもは本気で怒るのです。すると、大人はこの子は「かんしゃくもちだ」「扱いにくい子だ」などと言います。

子どものかんしゃくや反発の原因には、①「活動のサイクル」が中断された、②「自分で選ぶ」ことができなかった、③秩序感が乱された、④自分でやりたかったのに大人がやってしまった、などがあるのです。③と④については第1章で述べましたから、ここでは①と②を考えてみましょう。あるお母さんのレポートです。

私の娘（現在8歳）は、生まれてから2歳くらいまでの間、本当に育てにくい子でした。（……中略……）思いどおりにならないと何時間でも泣いていました。それが、2歳前には、あんなにギャーギャー泣いていたのが嘘みたい、と思うくらい落ち着いた子になりました。1歳3ヶ月のとき、娘は車のはめこみパズルを毎日毎日できないと言って、キーキー言いながらやっていました。友だちの家にも旅行にも、それを持って行くくらい固執していて何度も何度も繰り返し、できたときには大喜び。1ヶ月くらい続いてパッタリやめてしまいました。

そのころの行動がおもしろかったので、ビデオに撮っていたのですが、先日あらためて見直してみました。すると、できたときのスッキリした笑顔から も、「自分で選んだものを」→「何回も繰り返し」→「全力を傾け」→「自ら満足してやめる」という活動のサイクルをたどっていることがよくわ

メッセージ16　大人の勝手な介入が、子どもを苛立たせるのです。

かりました。そして、このときから娘は変わったのだと改めてわかりました。

そのころ娘は、①私の服のボタンをつけたりはずしたりしていた。②パンツを五枚も六枚も重ねてはいては、また脱いでいた。③ドアのところに椅子を持っていき、その上にのり、鍵の開け閉めをズーッとしていた。④靴を履いたり脱いだり、一日中していた。⑤アンパンマンパズルをどこへ行くにも持って行き、百回以上はした。

モンテッソーリ教育を知った今、これら全ては娘がみずから見つけた自分を成長させるお仕事だったのだと気がつきました。そして、1歳すぎまで、泣いて泣いて困ったのは、娘が「自分でやりたいことが自分でできないよ」と訴えていたのかなと思います。

当時の私は、同じことを繰り返す娘に対し、「これもあるよ」と他のパズルを渡したり、「また、それやってるの」などと言ってしまっていました。

あのころ、モンテッソーリ教育を勉強していたら、もっと良い対応や言葉がけができたのにと残念です。

（玉崎閑香）

子どもは「自分を成長させる仕事」をしている真っ最中なのに、大人が無神経に邪魔したり、介入してはいないでしょうか。

メッセージ 17

ああ、スッキリした。おもしろかった！
ぼく、いい子でしょう。

集中した後に、その子の
本当の善《よ》さが現れてきます。

子どもが、手を使いながら何度も繰り返し行い、深く集中している姿に出会ったら、そっと見守りましょう（では、ゲームをしているときも手先を使って集中しているのだから黙って見守るべきかというと、そうではありません。ゲームは親指だけを単純に反射的に押すだけなので、随意筋肉運動の調整期である幼児期に必要な運動の要素が欠けています）。

手を使いながら集中するとは、どんな姿なのか、次に三つの例を紹介しましょう。

〈例1〉

5歳児のT君は、赤ちゃんのときから片時もじっとしていない子どもでした。短気で、気にいらないことがあると、すねたり怒鳴ったり、誰にでも強い口調で当たり散らします。いつもフラフラうろついて、友だちの作業に口出しばかりし、自分で何かを選んで取り組んでも集中する姿はまるで見られません。

そのT君がある日、折り紙を始め、2時間近く折り続けました。そこにあったお手本帳を見て折り始めたのですが、それを全部やってしまうと、分厚

作業に集中することによって落ち着きを取り戻し、
やる気に満ちた子どもに育ちます。

い折り紙の本を出してきて脇目もふらずに折り続けました。とうとうビニール袋いっぱいの作品を作り上げたのです。次の日もまた次の日もT君はひたすら折り続け、その作品を「お母さんにあげるんだ」と言って家に持ち帰っていました。突然、山のように折り紙を持ち帰るようになったわが子に、お母さんは困惑しました。先生はお母さんに「驚くほど集中していますから」と説明して、見守ってもらうことにしました。

1日1時間半から2時間の折り紙を、休日をはさんで4日間続けたあと、T君は先生に「ああ、スッキリした。楽しかった」と言いました。

（根本与子）

〈例2〉

K君は4歳です。行動が乱暴で、突然、友だちを蹴ったり、叩いたりします。食器の扱いも乱暴ですし、ときには食事を壁に投げつけることもあります。やることは中途半端で、脱いだものはそのまま、出したものもそのままです。とにかく保育室からすぐにいなくなります。あり余っているエネルギ

メッセージ17　集中した後に、その子の本当の善さが現れてきます。

ーを発散させるかのように思いもよらない行動をするので先生たちは目が離せない毎日でした。

そのK君がある日、友だちが「注ぐ」活動をしているのを、とても興味深そうにじっくり見入っていました。友だちがその活動を終えると、さっそく「注ぐ」活動に取り組みました。ピッチャーに入っている水をコップに注ぐ活動です。コップは三つあって、それぞれに色線がつけられていて、その線ピッタリに水を注ぎます。

その作業をするK君の表情は、いつもとは違っていました。とても慎重にピッチャーを持ち、ゆっくりゆっくり水を色の線まで注いでいました。自分のエネルギーを全て集中させ、線のところまでぴったり水を入れるたびに喜んで、「先生、できたあ、ほら！」と私に呼びかけました。今までに見たことのない満ち足りた明るい表情でした。

その後、K君は変わりました。自分で世界を大きく広げ、さまざまな活動にじっくり取り組むようになりました。色々なことによく気づくようになり、喜んで先生のお手伝いをするようになりました。

（望月知佐美）

〈例3〉

3歳で入園してきたK君は、自分の身の回りのことがなかなかできませんでした。「できない」「疲れる」などと言っては身体をふらつかせ、近くにいる友だちにぶつかったりしていました。月齢が高い子なので、ほんとうにできないのか、するのが面倒なのか、やり方がわからないのか、様子を見ていましたが、決して自分ではやろうとしません。

そこで、K君の前で、できるだけわかりやすく、ゆっくり、はっきり、「して見せる」方法で、服の脱ぎ方やボタンのかけ方をやってみました。K君は、「わからない」「できない」を繰り返すだけで、周りに気をとられて私が「して見せて」も、しっかり見ていられません。でも私が辛抱強く毎日繰り返しているうちに、少しずつ私のやることを見ていられるようになりました。

そしてある日、「ぼくがやってみる」と言って、みずからやり出しました。

メッセージ17　集中した後に、その子の本当の善さが現れてきます。

四苦八苦しながらも、服を脱ぎ、ボタンをかけ、きれいにたたみ終わるまで、一生懸命やり遂げました。終わると、目をまん丸にしてなんともいえない笑顔で、「できたあ！」と叫びました。「自分でできる」ということが、子どもにとってどれほどの喜びであるか、それを教えられた笑顔でした。

その後、K君は、「のり貼り」に取り組み、（……中略……）少しずつ行動が落ち着いていきました。衣服の着脱、シール帳へのシール貼りなど自分から進んでやり、自分が自信をもってできることは、できない子に教えたり、手伝ったりするようになりました。

（椎名美香）

どんなに落ち着きがなく乱暴な子（強いタイプ）でも、やる気のない子（弱いタイプ）でも、作業に集中することによって、落ち着きを取り戻し、やる気に満ちた良い子に変わっていくことができるのだという事実を、前述の例は示しています。

その事実に共通していることは、自分が興味をもった活動の「やり方がわかる」と、目も手も頭も総動員して全力を傾けてやり始めること、そうしながら「集中する」こと、そして「できたあ！」という自信や「スッキリした。楽しかった」という完了感、充実感をもって自分で終わること、です。

このように一連のステップを踏みしめて活動した後に、子どもが内面から良い状態へと変わる事実は、単なる「遊び」ではありません。子どもは自分自身を成長させる立派な「仕事」を成し遂げたのです。

メッセージ17　集中した後に、その子の本当の善さが現れてきます。

「子どもにとって遊びが最高の活動だ」「遊びにませよう」「遊びに寄り添うのだ」など、幼児期の活動を何もかも「遊び」という一言で総称し、「遊び」の大切さばかりを強調する幼児教育理論は不十分です。このような語り方は、18〜19世紀のドイツで観念論哲学や浪漫派文学が隆盛を極めた時代にフレーベル（1782〜1852年）によって語られた幼児教育理論が日本に入ってきて、その影響を引き継いだものです。モンテッソーリが亡くなった1952年とフレーベルが亡くなった年の間にはちょうど百年間の隔たりがあります。

そして、この百年間には、科学が飛躍的に発展しました。人間現象を科学的根拠に基づいて語る時代になったのです。現代の科学は、その延長線上にあるので、モンテッソーリが明らかにした子どもの事実は、現代科学でもっと詳しく説明できる時代になりました。

例えば、現代は脳科学が急速に進歩したので、前述した三人の子どもたちの場合、そのとき子どもの脳の中で何が起こったのかを推定できます。

現代では、そのような科学の知見をもって子どもの現象を解釈しようとする時代です。子どもが、目と手と知性を働かせて同じ活動を繰り返し、繰り返しながら深く集中しているときに、その子どもの脳の中では何が起こっているのか、集中した後に子どもが安定し穏やかになり自尊感情が生じるのは、どんな根拠によるのか、などが脳科学の知見を借りて解釈されようとしています。

ここではその解釈に触れませんが、「手」を使って繰り返し同じことを行った後に充足感や快感を味わい安定するという事実を、脳内の神経伝達物質の放出とか、神経繊維の新しい回路という視点から、それが効果的生理現象なのだと神経科学が説明していることに注目しておきたいのです。

なぜなら、モンテッソーリ教育の中核現象である集中現象が、現代の脳科学によって説明され得るということは、「モンテッソーリ」という固有名詞をとってもなお有効な普遍的な原理がこの教育方法に存在すると言えると思うからです。

メッセージ
18

子どもは「遊び」より「仕事」が好きです。

子どもは、自分の意志で自由に選び→自分の知性のリズムで続け→集中し→自分でやめるとき、「ああ、スッキリした」「楽しかった」「ぼく、いい子でしょう」などと言ったり、心の底から溢れ出る幸福そうな笑顔を見せます。それは、生きる喜びに輝いた姿です。

子どもが「生きる喜びでいっぱい」になるのは、遊んだからではありません。自分の成長の「仕事」をしたからなのです。そのことに気づいた二人の母親の言葉を紹介します。

●子どもは外遊びが一番と思って、さんざん外遊びに連れ出していたが、何だか外遊びの間もその後も覇気がなく、ボーッとしていて冴えないのである。かえって、ストレスを溜めているようで、「小さい子は、外でのびのびと」というのは親の勝手な思い込みや願望にすぎなかったのかも、と反省させられた。激しく動けばいい、というものではなく、興味をもつことに静かに頭を働かせて集中することで、かえってイキイキするようだ。大切なのは、遊ぶ場所ではなく、興味をもつ内容に心ゆくまで取り組めるかどうかなのである。

（佐藤美栄子）

●以前の私は、「子どもは外に出て、お日様の下で元気に走り回って遊ぶのが一番。そうすれば、気持ちが晴れる」という考えのもと、外にばかり連れ出し、室内でこちょこちょ遊ぶのは好みませんでした。

しかし、外で思い切り遊ばせたつもりなのに、子どもにフラストレーションのようなものがたまっていたり、逆に室内で過ごしたのに、細かな手作業を終えた後は、非常に晴れ晴れとした表情をしていたりということがありました。

モンテッソーリ教育に出会って、問題なのは遊ぶ場所ではなく、自分の全エネルギーをかけ、ときには葛藤しながら乗り越えていくという物事へのかかわり方なのだと悟りました。以前に感じていた謎が解けたように感じました。それからは、子どもが、物事を中途半端に終わらせないこと、逃げ出さ

メッセージ18　子どもは「遊び」より「仕事」が好きです。

ないことを重視するようになりました。

(西橋京子)

「遊び」は、好きなときに「もうやめた」と言って立ち去ることが許されます。その自由が「遊び」の性質です。ところが「仕事」は、面倒になったからといって「やーめた」と立ち去ることは許されません。投げ出したいときに、全力を尽くして乗り越えるのが「仕事」です。

子どもが内面から良い方向へ変わるのは、「自分の意志で始めた」ことを「持続して」行い、途中で投げ出さないで「全力を尽くして乗り越え」て、「わかった」とか「できた」とかいう実感を味わったときです。そのとき、子どもの内面から生きる喜びや自尊感情が湧いてくるのです。

子どもは本当は「遊び」よりも自分を成長させる「仕事」のほうが好きなのです。だから、子どもが生きる喜びでいっぱいになる「仕事」をすることができる状況をつくってやるのが大人の役割です。つまり「環境を整える」、そして「やり方をして見せる」のです。

「環境を整える」には、道具が子どものサイズであるとか、知性を働かせることができるとか、さまざまな配慮が必要です。それについては次章で述べることにして、ここでは、お母さんが日常生活の中で「環境を整え」て、「やり方をして見せ」た後、子どもに「仕事」をしてもらった場面を紹介しましょう。

夕食の支度のときに、子どもが「手伝うよ」と寄ってきても、「あぶないから、あっちで本でも読んでいて」と追っ払ってしまうことが多かったのです。「まだ小さいのだから、包丁などに触らせてはあぶない。熱湯がかかって火傷をしてはいけない」という思いばかり強く、子どもに料理ができるとは想像もしていませんでした。

しかしある日、子どもが「手伝うよ」と寄ってきたとき、「子どもは、自分の手を使って、自分でやりたがっている」というモンテッソーリの言葉を思い出し、「たまには、やらせてみようかな。でも、どうせすぐあきるだろう」と思いながら、きゅうりを半分に割り、下の面を平らにして、小さなま

メッセージ18 子どもは「遊び」より「仕事」が好きです。

な板と小さな包丁を用意しました。

そして、包丁の持ち方と使い方を見せた後、「ママが、これからきゅうりを切るから、よく見ててね」と言って、きゅうりをゆっくり切って見せました。「やってみる？」と聞くと、「うん！」と元気よくうなずいたので、おそるおそる包丁を持たせてみました。娘は、真剣な顔で、きゅうりのしっぽまで丁寧に切りました。あるだけのきゅうりを切ってしまうと、「もっとやりたい」と言い出したのです。ほかに切らせるようなものがなかったので、正直、困ってしまいました。

そこで、冷蔵庫から卵を出してきて、容器と卵を娘に示し、卵の持ち方、平たい面で割れ目がつくまでコンコン叩くこと、次に割れ目を上にして、指を入れ、親指二つで押し広げるようにソーッと容器に割り込むことをして見せました。娘は真剣な顔で見ていました。そして、また「やりたい」と言いました。

やらせてみたところ、一回目は、殻のふちに卵の黄身がひっかかってぐちゃっとつぶれてしまいました。「もう、いやになるかな」と思いながら見ていると、「もう一回やらせて」と言います。そこで、二個目の卵を渡しました。すると、今度は、きれいに割れました。「よくできたね」とほめると、娘はうれしそうに三個目の卵を割りました。今度もうまくできたのを見届けると、満足そうに離れて行きました。（……中略……）

娘のあのような表情――自信に溢れ、目をキラキラさせたきれいな表情は、ほしがっている物を買ってあげたときにも、ディズニーランドに連れて行ったときにも、見たことがなかったものでした。

（水野弥生）

「仕事」は子どもに、「ほしい物を買ってもらったときやディズニーランドに連れて行ってもらったときよりも嬉しそうな顔をする」機会を与えるなんて不思議ですね。

次のお母さんの記述も、それを物語るものです。

子どもは、何かを集中して行い満足感や達成感を味わうと、精神が落ち着

卵を割るなど、日常生活での「仕事」ができたことで、
子どもは満足感と達成感を味わうのです。

き、素直な良い状態になるのだと、つい先日も感じたことがありました。週末だったのですが、お天気も悪く、一日家にいることになり、私は普段できない家事をいろいろやろうと忙しくしていました。その一つに靴磨きがあり、普段から手伝ってもらっているので、その日は完全に娘にまかせてみようと思いました。

「やってくれる?」と聞くと、「やるやる」と喜んで返事してくれました。磨いてほしい靴と靴磨きの道具を出してあとはまかせて、私はほかの家事をしていました。様子を見に行ったときには終わっており、靴は靴箱に、靴墨などの道具も元の場所にきちんと戻してありました。

家事が一段落すると、今度引っ越してしまうお友だちへのカードを書くことにしました。メッセージを書き、絵や写真を貼って完成です。娘たちも良いのができたと満足気でした。その後、夕食のカレー作りを始めました。長女が以前から「ひとりで作りたい」と言っていたので、時間のあるこの日に作ることにしたのです。手順を書いたメモを用意し、基本的にはすべて一人

メッセージ18 子どもは「遊び」より「仕事」が好きです。

で作りました。次女も何かしたいと言うので、サラダを作ってもらいました。盛りだくさんの一日でしたが、それぞれの活動の中に「活動のサイクル」が存在し、また「ひとりでやりたい」を満足させるものとなっていました。その達成感がいくつも重なったわけですから、それは満足感のある一日だったのだと思います。

それからというもの、「お手伝いすることない？」とよく言ってくれるようになりました。進んで食卓の準備をしてくれたり、洗濯物をたたんでくれたりもします。とても落ち着いた状態が続きました。本で「子どもが変わる」様子を読むにつけ、本当にこんなことってあるのだろうかと思っていた時期もありましたが、こういうことなんだと実感するようになりました。

（鈴木真理加）

子どもが「生きる喜び」を実感する機会を提供するのに、お金も特別の時間もかからないのです。幼児期の子どもには「自分でしたい！」「できるようになりたい！」

という強い願望があるので、その願望を満たすための「環境を整え」て、自分でできるように、やり方をはっきりと「して見せる」という二つの配慮が必要です。

第5章

子どもが自分でできるような環境を整えてあげましょう

メッセージ

19

ひとりでできるように
道具を整えてよ！

使い心地の良さが、
子どもを活動に
誘い込みます。

子どもはやっと片言が出てくるとき、まず主張するのが「する！」「自分で！」という叫びであり、身の回りのことを「自分でやりたい」と望みます。「自分でしたい」のは、随意筋肉の調整期といって、自分の意志どおりに動けるよう筋肉調整をする時期だからなのです。自然のプログラムに従って子どもは自分の意志で動きたいのだと叫んでいます。

その熱烈な子どもの願望に敬意を払い、その願いをかなえるためには、どんな配慮をすればよいのか、その具体的な仕方を知っているのと、知らないのでは大違いです。知らなければ、子どもの主張を聞き流して大人がサッサと手早くしてしまったり、「どうせ、できないでしょ」とイライラしてせかしたり、「大きくなったら自分でしなさい」と怒鳴ったりします。

逆に、子どもが自分ひとりでできるような環境を整える方法を知っていれば、ちょっとした配慮で子どもが積極的になったり自立してくるのを目撃することになり、子どもの底力に感心し、お母さんの工夫に拍車がかかります。

例えば、掃除道具一つとっても、ちょっとした配慮で子どもの行動の仕方が変わってくるのです。子どもの小さな手がちょうど持ちやすいサイズのかわいい雑巾、子どもの背丈にあった長さのほうき、子どもにとって使いやすい大きさの塵取り、など。

しかも、それらが「わたしを使って下さーい」と呼びかけるように、子どもがいつも見える場所に置いてあることです。そうすると、子どもが散らかしたり、そそうをして「あっ、しまった。こぼしちゃった。きれいにしなくちゃ」と思ったとき、いつも目にしているあのかわいい雑巾や魅力的なほうきが「わたしを使って！」と呼んでいるのに気づきます。

そして、誰かから促されなくても自分でさっさとその掃除用具を取りに行き、きれいに掃除するでしょう。逆に、大きな雑巾や自分の背丈より高いほうきが、掃除用具入れ場の中にしまってあるなら、とても自分で後始末できないと最初から思って、決して自分でしようとしないでしょう。

あるおばあちゃまが、久しぶりに娘の嫁ぎ先に行ったら、その子育ての仕方が気になりました。口出し、手出しが多すぎるのです。例えば、何かをこぼしたら、「よそ見ばかりしているからよ」とブツブツ言いながら母親が後始末をしています。

メッセージ19　使い心地の良さが、子どもを活動に誘い込みます。

そこでおばあちゃまは、孫の小さなおててが持てるくらいの小さなかわいらしい雑巾を作りました。そして、「こうやって拭くのよ」と、机の拭き方、棚の掃除の仕方を、「ゆっくり、して見せた」のです。それをジーッと見ていた子どもは、自分で食卓を拭き、いそいそとお膳立ての手伝いをしました。食後の食卓拭きも嬉しそうにやりました。棚の掃除もするようになりました。自分用の小さな雑巾があり、その使い方がわかったときから、子どもの行動に積極性が出てきたのです。

このように自分で「こうすべきだ」と思ったときに、それができるような環境を整えてもらっていると、自分で状況を判断して適切に行動するようになります。こんな習慣を幼児期に身につけた子どもは、小学校以降の段階で自立した行動が目立つようになります。友だちがそそうしたとき、素早く掃除をしたり積極的に片付けた、ということを今までにたびたび聞きました。次のようなことです。

小学校4年生のクラスの給食のとき、一人の子どもが食器をひっくり返し、シチューが飛び散ってしまいました。みんなは「きったねえ」といまいましそうに離れて見ています。そこへ、Aさんが雑巾を持ってやってきて、拭き始め、食器をひっくり返して当惑し棒立ちになったままの子に、「拭けば大丈夫だよ」と慰めているのです。

その一部始終を見ていたあるお母さんは、感心してしまいました。そして、Aさんの母親に「いったい、どんな教育をしていらっしゃるのですか」とたずねにきました。

Aさんの母親は、そのような臨機応変に対応する判断力や行動力は、幼児期に自分ひとりでできるような道具があり、やり方を丁寧にして見せてもらい、いつも自分で考えて行動するように支えてもらったことが、小学校時代のあらゆる場面で、このような態度になって現れるのだと、あらためて幼児期に自立を促す環境や教育が大事であることを確認したのでした。

大人は環境に順応して変わることができますが、子どもは自然の法則に従って成長している真っ最中ですから、環境が子どもの欲求に完全に一致していなければなりま

子どもの小さな手がちょうど持ちやすいサイズの
かわいいバケツ、子どもの背丈にあった長さのほうき、
使いやすい塵取りなど、
準備して置いておきましょう。

せん。

子どもの欲求に一致するとは、子どもが喜ぶことに迎合することではありません。例えば、テレビを消すと泣き出すから、つけっぱなしにしておくのは子どもに迎合することで、その対応の仕方は間違いです。

時代の流行や大人中心の生活環境に流されるのではなく、子どもの成長に適合した良い環境を整えるためには、子どもの生理学的な事実やそれに対応する条件などを科学的に研究する必要があるとモンテッソーリは言いました。

メッセージ19　使い心地の良さが、子どもを活動に誘い込みます。

モンテッソーリは、身体の健康のために栄養学が必要なように、心の健康のためには科学的教育学が必要だと言い、生理学や生態学や医学など当時の最先端の科学者たちから多くの知見を受けて、成長時の機能の完成を助けるための環境を作り出しました。

そのような科学的研究の結果、モンテッソーリは「整えられた環境」を考案しました。それは、「日常生活の行動練習」から「感覚の洗練」「言語や数の獲得」「地理や歴史など文化一般の知識習得」に至るまでを、子どもが自分で考えながら、行動しながら、学習・発展させていけるような環境です。

一方で、このような周到な環境を整備し、他方では、その環境への「関わり方」を子どもに教える技術を確立しました。この教材体系や教育技術の全体を完全に継承するために、モンテッソーリ自身によって設立されたのが「国際モンテッソーリ協会」と言います。この国際モンテッソーリ協会が認知するトレーナーによって養成されたモンテッソーリ教師たちが、いわゆるオーソドックスなモンテッソーリ教育を世界各地で継承し、実践し続けています。ところが、モンテッソーリ教育にはコインの裏表のような二面があります。一方では、「日常生活練習」「感覚練習」「言語」「数」「文化一般」という五つの領域の教材が整い、それを目的に沿って正しく使う技術を養成されたモンテッソーリ教師がいてこそ「モンテッソーリ教育」が成立するという考え方はあるものの、他方では、モンテッソーリ教育を貫く根本的な原理を知って自分の生活の中で自分にできる範囲内で実践できるという考え方もあります。

本書は、この後者の考え方で述べています。モンテッソーリが発見した幼児期の生命の見方とたすけ方を、子育て中のお母さんが知ると得をするからです。常識や大人の視点で考えていたことと、科学的に研究された根拠に基づいて子どもを見たり、援助する場合とでは、時として正反対のことさえあります。モンテッソーリ教育が教えてくれることは、知ってみれば、実に平凡で当たり前のことなのに、言われてみるまでは気がつかないか、漠然とした直感であって、確信になっていない場合が多いものです。

メッセージ 20

どこにあるかよくわかるよ。
やり方もわかる！
ちゃんとやれて、楽しいな！

自分で見て、考えて、選んで、
自分のリズムでやって、
自分で片付けることのできる
環境を整えてあげましょう。

大人の常識や社会の通念を基準に子育てをしていると、立派に育てなければならないと思う気負いが先立ち、未完成な子どもの行動を許容するゆとりを失います。社会通念や常識に基づくのではなく、子どもの生命の法則に基づいて子どもを理解し、援助する道を見出すと、いい子育てをしようという力みがなくなって、ゆとりが生まれてくるでしょう。

子どもの生命の法則、つまり敏感期の要求がわかってきて、それを大切にしながら環境を整えていったお母さんの体験を紹介しましょう。このお母さんは、それができるようになる前の自分のことを次のように述懐しています。

それまでの私は、いい子育てをしようと必死でしたが、どこか間違っていました。子どもの目の高さに立って物事をみることもせず、叱ったり、注意したり、上から見下すような言葉をぶつけたりもしてきました。そして、いつも「これではダメだ。間違っている」と悶々としてきました。

けれど今は、母親として子どもの生命の法則を理解し、援助することが私の役目だと気づきました。幼児期にそれができたならば、親子ともども今後の人生を有意義に過ごせるはずだと思わずにはいられません。

「これではダメだ。間違っている」と自分の子育ての仕方に悶々としていた日が続いていました。ところが、モンテッソーリのメッセージに出会って、生命の法則を理解し、援助する方法を学び、やってみるうちに、「親子ともども今後の人生を有意義に過ごせるはずだ」と思えるようになっていったというのです。

では具体的には、どんなことをなさったのでしょうか。このお母さんが、5歳の男の子と3歳の双子の女の子との日常生活で実践したことの一部を紹介しましょう。

双子の一人のAは、お絵かきが大好きです。飽きもせず毎日描くことに夢中で、気がつくと、上手に円が描けるようになっており、そこに、目、鼻、口なども描きこみ、今ではアンパンマンやウサギ、好きなキャラクターなど、上手に描けるようになりました。それに比例してはさみで切ること、切ったものを貼り付けることも楽しみ、例えば、おすしや、ピザなどの広告を丸く上手に切り抜くという作業も、この年齢でここまでできるなんて！　と感心してしまうほどです。

そこで私は、小物や筆入れなどを出し入れできる引き出しを一人ずつに用意し、牛乳パックで仕切りを作り、何をどこに入れるときれいに整理できるかを、一緒に考えました。また、お絵かき帳やスケッチブック、ぬりえなどを保管するカラーボックスを用意して、書類を整理する仕切りをそれぞれに用意してみました。

その上、新聞の広告の裏面が白いものを必ずとっておき、好きなときに好きなだけお絵かきやはさみ、のり貼り、迷路、なぞる、等を楽しめる教材を準備しました。切る、貼る、の活動のときは、紙製の箱を広告で作り「これに入れてね」と伝え、机の上や床に落ちた紙片の後始末用に卓上用の小さなほうきと塵取りを部屋の隅にいつでも使えるよう準備し、その使い方をして見せました。

そうすると、三人ともやりたいものを机に準備し、想像力を働かせながら楽しそうに長い時間取り組むようになりました。

このように、入れる場所を子どもにわかるように整え、何回でも繰り返すことができるように材料を準備してやると、子どもはどんどん作業を展開します。このお母さんは、スペースや材料を整えるだけでなく、さらに、もう一つ大事なことをしました。つまり、日常生活での仕事の仕方を「して見せ」て、自分のことは自分でできるようにしてあげたのです。次のようなことです。

生活の中でできることが少しずつ増えていきました。洗濯物をたたむことから始まり、それらを引き出しにしまうことも提示（動作を分析して、ゆっくり、「して見せる」教え方）してみました。長男も下の二人も、とてもやりたがり、今ではずいぶん上手になりました。

子どもたちが出し入れできる場所に引き出しを置き、引き出しに何が入っているか、名前と絵を書いて貼りました。特に下の二人は、私のやったことを忠実にやろうとします。また、しまう際に、ギッシリ衣類を入れていたので、できるだけ余裕をもって少なめにしたほうが子どもたちがしまいやすいということを、モンテッソーリ教育の先生から教えられました。当たり前のことですが、気づかずにいました。子どもたちは、そのうちに自分で選んで服を着るようになりました。

食事のときは、ピッチャーに牛乳を入れ、自分でコップに注ぎます。配膳もできるだけ手伝ってもらい、お盆に載せ「線上歩行」（※メッセージ10 P102を参照）するように運びます。やはり、ガラスや陶器のものは意識して丁寧に運び、プラスチック製のものは無造作に運びます。一度食器を落として壊してしまったAは、それ以来慎重さが身についてきたように感じます。本物を扱うことの大切さを教えられました。

子どもたちは、日常生活の中で、着実に実力を身につけ、自信をもって物事に向き合うようになっていきました。

このようにして、子どもが実力と自信を身につけていくのと並行して、母親もますます教育の核心に迫っていきます。このお母さんの次の教育論を読んで下さい。

モンテッソーリは教育の真理を発見していくにつれ、幼児教育を通して平和教育への道を確信していきました。その業績が認められて、モンテッソーリは晩年3年間連続してノーベル平和賞受賞候補者に選ばれています。

わが子の教育への努力が平和への努力に通じることを発見していったこのお母さんは、モンテッソーリが歩んだ道を追体験していると言えましょう。

子どもたちは、自分のペースでしっかり自然から与えられた宿題をこなすべく動いています。そして私は親として今何をしてあげられるか、どう環境を整えていくか、意識して生活できるようになりました。

人は生まれながらに自立に向かって生きているのです。だから、その育ちの中の敏感期を捉えて、環境を整え、その環境との交わり方を示してあげる

子どもが自分でできる「環境を整え」て、
自分でできるように、
やり方をはっきりと「して見せる」ことが必要です。

ことが大人の責任であると理解できます。

どんな環境に生まれた子どもでも、平等に正しい教育を受ける権利があり、正しい教育で育った子どもたちは、人として賢く、精神的にも豊かで温かい素養を身につけていけます。そして、それらは言葉や人種にも関係なくより良い人間関係を築く要因となり、平和な家庭へとつながり、その家庭が集まり社会へ、そして国家というようにつながっていく、まさに平和のための教育になり得るのです。子どもの育ちは万国共通なのです。小さな母親の努力、教師のがんばりが、大きな平和をもたらす一因になるかもしれないと思うと、なんと素晴らしいことに出会えたのだろうと感謝の気持ちでいっぱいになります。そんな平和の一端を担える自分になれたらとつくづく思っています。

（……中略……）

私のまわりには、努力しても報われない沢山のお母さんがいます。それはやはり、子どもの生命の法則を知らないからです。私は歩むべき方向と方法を見つけることができました。この二つを誤ると、せっかくの努力も意味のないものになりかねません。本当にモンテッソーリ教育に出会えてよかったと心から感謝しています。

（長谷川智世）

このお母さんは、まさにマリア・モンテッソーリが世に伝えたかったことを理解し、実行し、モンテッソーリと同じように教育による平和への道を見出しておられます。「今どう環境を整えていくか」と「やり方を、して見せる」ことを意識して生活するという地道な努力が、真に報われる努力なのだということを、このお母さんの経験から学びたいものです。

メッセージ 21

わたしが、
自分の行動の主人公よ！

「環境を整える」ことと
「提示する」ことを心がければ、
親も子も輝き始めます。

モンテッソーリが幼児教育に携わるようになったのは、ローマの郊外にあるサン・ロレンソというスラム街で、四十人ほどの子どもたちの世話を頼まれたことがきっかけでした。彼女に任された子どもたちは、当時の社会の最底辺の過酷な生活環境のゆえに、著しく逸脱発育していました。つまり、乱雑、狂暴、反抗的、散漫、無気力、怖がり、無表情などの状態なのです。その子どもたちのために開設された施設をモンテッソーリは「子どもの家」と名づけました。子どもたちが、自分の行動の主人公として振舞える生活の場だという意味です。

フレーベルが創設したのは「キンダーガーデン」（日本訳で「幼稚園」）で、「園」ですから、楽しく「遊ぶ」場であるわけです。モンテッソーリが創設した「子どもの家」は、「家」ですから、そこは子どもが「生活」する場なのです。

「遊び」はフィクションの世界ですから、模倣や見立てなどが中心になる活動です。材料に何を、どう使おうと自由です。いつ始めて、どこで終わってもかまいません。モンテッソーリ教育では、子どもは「遊び」よりも「仕事」が好きだという考え方ですから、現実の活動をします。

お茶のサービス、クッキー焼き、クレープ作り、きゅうりを切る、ゴマを擦る、縫う、アイロンをかける、など本当の仕事ができるように、本物の道具と材料が整えられています。どれも一定の目的をもった道具なので、使い方が決まっています。子どもは目的にかなった道具の使い方を学び、一定の手順を踏みながら、真剣に作業します。道具は落とせば割れる陶器やガラス、包丁もアイロンも針も大人が「あぶない」と子どもから遠ざけがちな本物、ただし、それらは大人用のサイズではなくて、子どもの小さな手にちょうどよいサイズや重さになっています。

子どもは「遊び」よりも自分を成長させる「仕事」のほうが本当は好きなのですが、大人のために作られている生活環境の中では、なかなかできないものです。道具はすべて大人用なので、大きいし、重いし、使いにくいのです。ところが「子どもの家」では、子どもにちょうどよいサイズや重さや高さ、そして使いやすさに整えられているので、そこでは子どもは自分の行動の主人公として振舞うことができます。

家庭でも親子がともに喜んで生活するためには、大人が「子どもの家」でなされているように「環境を整え」、子どもに「やり方を示す」努力が必要です。そんな努力

メッセージ21 「環境を整える」「提示する」ことから親子が輝き始めます。

をするうちに、親も子も輝いていった家庭生活の場面を紹介しましょう。

モンテッソーリ教育をしたら不思議や不思議！　みるみる親子が輝き始めた！　なんて都合のよいことが簡単に起こるわけではありません。

そこに至るまでには、①混乱や焦りが蓄積していく日々、②モンテッソーリ教育に出会っても解消されない悩み、③自分なりの工夫と地道な実践、を経てやっと、④親子が輝く日々、が訪れるのです。この順序で紹介しましょう。

①混乱や焦りが蓄積していく日々

このレポートの筆者は、長男を出産した当時のことを次のように述べています。

　　子どもを取り巻く環境というものに、まったく無関心であった私は、子どもをもつことで初めて、繰り上がり式に親になり、わが子を前にして、はたして自分に〝親〟が務まるのだろうかと大きな不安を抱えていました。

（……中略……）ついこのあいだまで、24時間自由に研究に没頭していた学生気分も抜けていないような母親。大学院卒業後2年間ほどしていた仕事は、これまた昼夜が逆転しているかのようなテレビ番組を作るという仕事。自分自身の生活のリズムも食生活も乱れた人間です。まず、人間らしい生活のリズムを取り戻すだけでも大変でした。

（……中略……）

長男と二人きりだったころを思い出すと、私はまるで独裁者のように生活を自分の思うままに私の都合で取り仕切っていました。順序、置き場所なども、思い通りに、ご飯の前にお風呂に入れちゃえ！　と思ったり、今日は早めに食べてしまおうか、とか。

（……中略……）

子どもが生まれたころから、毎日の生活のリズムを整え、子どもとともに生活の中で色々なことを経験していきたいと、理想ばかり高くて、実際は自分自身のやりたいことも多く、次々に子どもが増え、忙し過ぎて、子どもたちの動きを後からただ追いかけるような毎日に悶々とする日々が続いていました。

②モンテッソーリ教育に出会っても解消されない悩み

モンテッソーリ教育の「子どもの家」に入れても、理想と現実のギャップは続きました。

「私が今、子どもだったら、絶対にここに通いたい」という気持ちと、たった1時間の見学の時間でしたが、お仕事に取り組む長男の真剣な目つき、何より、我が家にはない静かで落ち着いた空間。私が今まで悩んでいた問題の答えが、モンテッソーリ教育にあるのではないか、という思いで、「M・子どもの家」に入園。モンテッソーリ教育について少しずつ勉強しながらも、

（……中略……）。

表面的なモンテッソーリ教育についての知識は得たものの、相変わらず理

想と現実のギャップは埋まりません。早急に答えを求め過ぎて、あれやこれやと手を出していくうちに、生活はますます忙しくなるばかりで、長男が年長、長女が年少を過ごしたころには、幼稚園での生活と家での生活が、まったく切り離されたものとなってしまいました。（……中略……）

いいおもちゃも、置き場所が決まっているか、子どもたちの目にどのように映るか、どのように置いておくか、その出し入れが決まっているか、そういうことまでは、まったく考えが及んでいませんでした。結局、宝の持ち腐れ。限られた生活空間の中では、おもちゃは散らかるもの、片付けるもの、として箱に入れて一緒くたにし、隠していたのです。

③自分なりの工夫と地道な実践

たまたま子どもが通う「M・子どもの家」で不要になった教具棚をいただくことになり、一念発起して、おもちゃの置き方を工夫することにしました。広々とした棚だから、せっかくの美しい積み木なども、手にとりやすく、きれいに並べておき、色鉛筆も色別に整理し、シールもクリアブックに整理して取り出しやすくし、と「子どもの家」の環境を思い出しながら、並べていきました。

「いつも子どもの家でお仕事するように、家でもできるように」と願って、他にも、家の中の環境を整えました。子どもがやりにくそうにしていたところに出会うたび、台を置いたり、置き方を工夫したり。今でも、基本的な置き場所を変えないようにしながら、工夫を重ねる毎日です（この他に、生活リズムについて考え、歩くことを大事にしたり、基本の生活の中で子どもの出番をふやす、など、生活時間や家での環境の整え方など具体的に見直していきました）。

④親子が輝く日々

その後、通信講座でモンテッソーリ教育を系統的に学び始めて、母親自身の歩み寄り・工夫が必要だったということに気づかされ、そこから親子の変化が現れていきます。

モンテッソーリ教育の「提示（して見せる）」の技術こそ、毎日を子どもとともに生活する母親に必要だと思いました。

勉強を終了して一番大きな私の変化は、お手伝いの指示の仕方です。今まで、お手伝いをしてもらうのに、叱りつけたり、強制的にさせていたものを、わかりやすく、きっぱりと、タイミングよく見て、お願いする、というやり方に変えたら、長女は、ちょうど料理の敏感期だったからかもしれないのですが、くるくると本当によく働いてくれます。

何をするにも気をつけて、心を落ち着けて、丁寧に「やってみますか？」と声をかけるようにしたこと。困っている場面に出会ったら、決してしゃべらず（これが一番私にとって難しかったのですが）ゆっくりと、やり方を見せる。

物の置き場所も、きちんと決めて、出し入れしやすく、子どもの目の高さであるように心がけました。

一日の日課（やることの順番）をきちんと決めて守るように心がけました。

メッセージ21 「環境を整える」「提示する」ことから親子が輝き始めます。

起きて、まずご飯を食べて、着替え、歯磨き、「行ってきます」。「ただいま」の後は、うがい、手洗い、おやつ、遊んで5時には家に入り、手伝い（長男は宿題）、ご飯、お風呂、着替えて、歯磨き、絵本一冊読んで、電気を消し、今日の一番嬉しかったことと悲しかったことを報告して、「おやすみなさい」。

無理せず、誰かのやり方をそっくり真似するでもなく、ありのまま、背伸びしないでできることをできる限りやる、というやり方にしてから、なんだか子どもも私も楽になりました。

理想を掲げず、「いつかひとりでできますように」と願いをこめて、子どもをよく見て、そっと声かけ。朝のちょっとした時間、雨降りの午後なども、ヒントを与えると、自分でお仕事をつくり、シール貼りに熱中したかと思うと、文字や数のお仕事へと自分でどんどん発展させていきます。

少し前までは、おたがいのイライラの元であった〝自分でできないこと〟。子どもは自分でやってみたい、親は、そのくらい自分でやってほしい。そんな理想と現実の架け橋が、「環境の整備」と「提示」にあったのです。そのできない理由をはっきりさせて、親もちょっと手を緩めて、ほんのちょっとの時間でいいから手をいつもよりゆっくりと動かして、動作をハッキリと伝えてあげる。それだけで、ぐんと毎日が違ってきたのです。

（……中略……）

例えば、きのう長女は、朝から「今日のおやつはクレープにしよう」とか、「夕食は何がいい」と聞くと、「わたしが今日は肉じゃがをつくるよ」と言います。

こんなとき、私は、おやつのクレープの材料と肉じゃがの材料、その付け合わせを考えて、買い物を済ませておきます。あとは、台所さえ整えておけば、余裕をもって「そろそろおやつを作ろう」と声をかけるだけ。どのような順番で材料を混ぜていくかは、レシピを見ながら自分で考えます。漢字などわからない場合は聞いてきます。手の届くところにいつも置いておけば、ボールや泡たて器などは、自分で用意できます。

肉じゃがは、ジャガイモの皮を皮むき器でむく。そのあと、芽のところを私がきれいに取り除く。それを食べやすい大きさに切る。最初にゆっくり大きさを教えて、その大きさになるようにどのように切っていくかを知らせておけば、あとは自分でやります。にんじんも同じく、肉を切ったら、鍋を用意し、フライ返しも用意して、台にのぼり、火をつけて、炒め始めます。だし汁、調味料も用意しておけば、全部自分で作ったことになり、ものすごい満足感を覚えるようです。

子どもたちがご飯を作るのは、作りたいから、作りやすいから、楽しいから、喜ばれるから、ほめられて嬉しいから。まさに「環境の整備」と「提示」によって、子どもたちの自立が促進されているのです。

今、うちの子どもたちは、いやいやでなく、家の食卓の作り手として、主体的にかかわってくれています。子どもとの毎日の食事作りは、無理やりやらせていたときと違って、本当に楽しく、そのあまり強制的でないところも、長続きしている秘訣かな、と思っています。

子どもも親も育ち盛りの私たち、子育ちに「これ」という答えはなかった。

ただ、そこに、子どもの現実・事実を見つめる眼とそこに寄り添う手と環境があればいいのです。

モンテッソーリが発見した子ども観とは、環境によって自立していく子どもの姿。それが、発見されてからもう百年も経とうとしている今、私の目の前でも、同じように子どもが変化したことは驚きです。

（藤浪千枝）


ここに紹介してきた藤浪さんの経験は、「家庭の教育力の低下」が指摘され、それを回復する必要性が叫ばれる今日、実に貴重な示唆を豊かに含んだ証言です。母親たちは社会で働き、ますます忙しくなっています。子育ての情報は氾濫しているのに、家庭の中でどのようにしたらよいかわからない、という戸惑いは大きくなるばかりでしょう。この筆者も、例外ではない状態から出発したのに、モンテッソーリ教育に出会ったことによって、親子で充実した楽しく豊かな日々を生きるようになっていきました。

これこそ「親子が輝くモンテッソーリのメッセージ」の証《あかし》だと言えないでしょうか。

増補新版にあたって思う三つのこと

本書が最初に出版された時（2007年）から8年が経った今、時間の推移と共に現れた次の三つのことに注目したいと思います。

一、モンテッソーリ教育の影響が、幼児期以降に現れる。
二、子どもが自立するだけでなく、親も自立する。
三、モンテッソーリ教育を体系的に理解したい。

一、モンテッソーリ教育の影響が、幼児期以降に現れる。

モンテッソーリ教育を受けた子どもたちは幼児期から自立し、学童期以降には、自分で決める力、実行する力、乗り越える力、など人格として良く生きる力をもっているのが共通の特徴だということが次第に明らかになってきました。このことを、『モンテッソーリ教育を受けた子どもたち――幼児の経験と脳』（2009年、河出書房新社）に書きました。その中で、幼児期に身に着けたことが生きていく知恵と力の土台となっているという二人の母親の言葉を次に引用します。

◎「この子の今まで（現在大学三年生*）の日々を一緒に過ごしてきて、何度かいや度々大きな問題に直面してきました。越えられるかと心配しておりますと、本人は常にひょうひょうとしており、気がついたら問題を解決しておりました。初めは心配しましたが、どう解決しているのかのほうに興味をおぼえて見ておりました。そしてわかりました。

この子は、目の前の大きな問題をいくつかのパーツに分けて、そのパーツを自分なりに並べかえて、優先順位をつけて片付けていたのです。幼稚園のときに身につけた分類の方法で解決しているのがわかりました」（高橋いづみ）＊当時、東大生だった彼女は、今アメリカで研究者になっています。

◎「日々ぶつかる問題もあるようですが、健やかな心と身体があれば、幼児期に手に入れた魔法の道具（一生ものの道具）を使って、自分のペースを守りながらこなしていけるでしょう」（古川尚代）

二、子どもが自立するだけでなく、親も自立する。

子どもの生命そのものを観る目をもった親は、子育ての過程で周囲の評価や社会の情報に振り回されずにすみました。わが子が「一人でできた！」時の輝いた顔や敏感期の強烈な生命の輝きを見てしまうと、親がとやかく介入しても親の思い通りにはならないということに早くから気づきます。わが子の将来を案ずるより、楽しみにするのです。また、子どもが自立するので、親も子育ての心配から解放されて、自分がやりたいことを見つけ、打ち込み、自立します。

「一人でするのを手伝って！」という子どもの願いをうけとめて、かわりにしてあげるのではなく、ひとりでできるようにしてあげたお母さんは、次のように言っています。

◎「子どもの『できる』に添った『手の離し方』のおかげで、過保護でも過干渉でもない母の立ち位置をみつけられたような気がします。そしてそれは、親子といえども『人と人として大切にする距離感』を生み、自立した親子の関係をつくることに繋がりました。その立ち位置は、互いを認める、大切にするという愛情へと実を結び、その愛情が今も彼女の自立を支えています。そして、気が付けば、私自身も娘から自立していました。そう……親子お互いの自立は、小さな時から始まっていたのですね」（生島　恵）

三、モンテッソーリ教育を体系的に理解したい。

8年前頃は、子育てに戸惑い模索するうちにモンテッソーリ教育に出会ったお母さんが、具体的な方法を「もっと知りたい」と望んでいらっしゃいました。その頃に書いた本書は、お母さん方が困っている身近な問題を切り口に、子どもやお母さんの事例を交えながら展開しました。

ところが、それから8年経って、最近モンテッソーリ教育界に求められる内容の質が以前とは変わってきたのを感じます。私は、様々の地域の幼稚園・保育園・こども園などの保護者の方々にお話しする機会をいただき、一年中・日本中（時としてアジア諸国）を飛び回る生活を40年以上続けてきました。この40年間に日本中に拡がって行ったモンテッソーリ教育への関心と理解は驚くべきものです。しかも、お母さんや先生方が納得する内容はより本質的なものになってきました。モンテッソーリ教育の断片的な知識はもっていたが、それらの根拠と関連がわかると、「スッキリした」と喜び、確信をもって実践できるとおっしゃる方も増えてきました。

そこで、この増補新版にあたり加筆する機会をいただいたので、モンテッソーリ教育の諸部分を構造化し説明する上で極めて有効な哲学について簡単に述べたいと思います。

バーナード・ロナガン（１９０４〜１９８４年）という哲学者は、歴史を通じてなされた様々の「発見」が、どのような過程を経てなされたかを詳細に研究し、「発見」と言われる出来事には、必ず三つの段階があることを見極めました。つまり、第一段階は「経験」する。見たり、聞いたり、触れたり、という「感覚」のレベルで経験し、「ウワー！」と感動したり驚いたりする。すると必ず、「何？」「なぜ？」などという問いが起こります。すると、

第二段階として、それを「理解」しようとします。そして、驚いた対象の根底にあるものを明らかにし理解します。そのとき「なるほど！」と思います。すると、もう

一つ高いレベルの問いが出てきます。「それは正しいか？」「信じるに値するか？」という検証を求める問いです。
第三段階は、この問いに答えようとして根拠に照合して確かめる営みです。そのとき働くのは理性です。そして、確かめると、「やっぱり！」という言葉が生じ納得します。
このような三つの異なった過程、つまり、
第一、「感性」で「経験」したことが、
第二、「知性」で「理解」され、
第三、「理性」で「判断」される、
という三つの過程を経ると、最初は一人の人間が感じた個人的な経験が、万人に通じる客観的な知識になるのです。「発見」と言えるものには、この三つの段階があります。これは人間が正しく認識するときのプロセスなので、ロナガンはこれを「認識の構造」もしくは「発見の構造」と言います。
マリア・モンテッソーリの業績は、この三つの段階を経て成り立ったものばかりです（ロナガン哲学会のメンバー達は、モンテッソーリ教育にこの事実があることに気づき、2007年のサン・ロレンソ「子どもの家」設立100周年の年に、「モンテッソーリ子どもの家訪問ツアー」を企画しました）。

マリア・モンテッソーリ教育が時代を超え、国を超え、階級を超え、広がってきたのは、それが教育の発見であったからです。この「子どもの見方」「子どもの援《たす》け方」は、教育史上の「発見」だから、その発見を「知っているのと、知らないのでは、大ちがい」です。知っていれば、教育の奥義に出会って感動し、開花していく人間の素晴らしさの前に額《ぬか》ずきます。知らなければ、悪戦苦闘することになります。

8年前に本書を書いた時は、子どもと共に生活する人が日々の生活のなかで困っていることや、疑問に思っていること、そして、知れば楽になることを念頭において構成しました。だから、前述のような段階とは無関係な順序でした。

ところが、この8年間のうちにモンテッソーリ教育の理解の仕方が深くなり、根拠や論理と共に説明されることを求める方々が増えてきているようです。前述した「発見の構造」の順序に沿って説明すると、「それは教育の真理！」と素直に理解できると言う方々に出会っています。

そこで本文と重複しますが、「発見の構造」に沿って、モンテッソーリが、「子どもの見方」と「子どもの援け方」を編み出していった道筋が、本書では、どこに書かれているのかを、メッセージの番号で次に挙げます。

A、「子どもの見方」

第一段階　モンテッソーリが、子どもが人格として成長していくのは「活動のサイクル」を踏みしめることだと気が付いた。

《メッセージ⑮》

第二段階　将来必要な能力を獲得するために特定の環境に関わる感受性が特別に敏感になる「敏感期」という一定期間がある。

《メッセージ⑥⑨⑩⑪》

活動を自発的に続け、発展させる原動力は「知性」である。

第三段階　「敏感期」の感受性と「知性」の働き方に対応した要素をいれて環境を整える。
《メッセージ⑫》
《メッセージ⑳》

B、「子どもの援け方」
第一段階　はなのかみ方を教えた時、子どもが思いがけない反応をした。
第二段階　随意筋肉運動の調整期は「動き方」を学ぶ特別の時期である。
第三段階　この時期の「一人でしたい！」という願望に応える「提示」という教える技術をモンテッソーリが明確にした。
《メッセージ　③④⑤》

モンテッソーリ教育の中に含まれている理念や方法は、ルソーやペスタロッチやフレーベルなど教育界の先人たちが遺《のこ》したものと様々な部分で重なります。

しかし、それらとどこが異なるかと言えば、モンテッソーリは「発見の構造」と言えるための要素を全て備えているということです。ということは、マリア・モンテッソーリ個人の経験から編み出されたことだが、万人に通用する内容だと言い切れるのです。実践していれば、時代や国柄や文化を超えて理解され、納得され、人格の育ちという「実り」に立ち会うことになります。

だから、「知っていれば得をする、知らなければ損」というものが、モンテッソーリが遺してくれたメッセージには含まれているのです。そのことが、時間の経過と共に、それを体験したお母さん方の証言によって益々明らかになってきました。モンテッソーリ教育が日本に本格的にリバイバルして約50年ですが、教育における真理というものが次第に明らかされてきているように思えます。

日本の教育界の現状が何であれ、モンテッソーリが「発見した」教育の真理を追体験する人がいる限り、希望を持ち続けることができるはずです。

あとがき

子どもの発達に対応した適切な環境と援助があるなら、子どもの中に隠されている素晴らしい本性は、何処でも何時でも現れることを確信したモンテッソーリは、それを可能にする環境の整え方と援助の技術を生み出しました。それをモンテッソーリは、子どもを観察しながら生み出したので、彼女が書いた本は、ある意味で現場からの報告であって、理論的な教育学書ではありません。

モンテッソーリ教育を理論的に体系化することは、世界的な課題だと１９７０年代まで言われていました。そのような時期に、私が初めて書いた『モンテッソーリ教育の理論概説』（学習研究社、１９７８年）という本は、「生命」という概念で全体を貫いた理論的体系で、当時この業界でベストセラーになりました。

しかし、それを書いた頃の私は、現場の事実を体系化するための真の哲学をもっていなかったのです。理論化するための方法論を探し続けて10年が経ったころ、私は、B・ロナガンの哲学に出会い、やっと体系化の道筋をつかみました。今回、増補新版になるに際し加筆を許されましたので、最近の体系的理解を求める空気に応えて、体系化の手掛かりとなるロナガンの哲学を少し述べました。

本書は8年前、子育てに戸惑うお母さん方が、身近なところに解決策を見出せることを願って、モンテッソーリ教育の中から、メッセージ性の高い要素を取り出し、事例と共に説明したものです。河出書房新社の編集者、東條律子さんと何度も検討した結果、このスタイルを生み出しました。東條さんには心から感謝いたします。

ここに載せたお母さん方のレポートは、日本モンテッソーリ教育綜合研究所主催の通信教育講座で私の講義を聴いた方々が提出して下さったものです。本書への掲載を許可して下さった研究所と執筆者の方々に感謝申し上げます。

二〇一五年九月八日

相良敦子

相良敦子
(さがら あつこ)

九州大学大学院教育学研究科博士課程（教育哲学専攻）修了。滋賀大学教授、その在任中に滋賀大学教育学部附属幼稚園園長。滋賀大定年退官後、清泉女学院大学教授、エリザベト音楽大学教授を経て、現在は長崎純心大学大学院教授。日本モンテッソーリ協会（学会）常任理事。東京国際モンテッソーリ教師養成センター、九州幼児教育センターモンテッソーリ教師養成コース、小百合学園モンテッソーリ教師養成コース、長崎純心大学純心モンテッソーリ教師養成コースなどの講師として講義を担当。1960年代、フランスで、モンテッソーリ教育を原理とした教育方法 Enseignement Personalisé et Communautaire を学ぶ。

著書に、『モンテッソーリ教育の理論概説』、『ママ、ひとりでするのを手伝ってね！』、『お母さんの「敏感期」』、『幼児期には2度チャンスがある』、『お母さんの「発見」』、『モンテッソーリ教育を受けた子どもたち』、共著に、『モンテッソーリからモンテッソーリを超えて』、『子どもは動きながら学ぶ』、監修に『ひとりで、できた！』などがある。

増補新版
親子が輝くモンテッソーリのメッセージ
子育ち・子育てのカギ

二〇〇七年一月三〇日初版発行
二〇一五年一〇月二〇日増補新版初版印刷
二〇一五年一〇月三〇日増補新版初版発行

著　者——相良敦子
発行者——小野寺優
発行所——株式会社河出書房新社
　　　　　東京都渋谷区千駄ヶ谷二-三二-二
電　話——〇三-三四〇四-一二〇一（営業）
　　　　　〇三-三四〇四-八六一一（編集）
http://www.kawade.co.jp/
印　刷——株式会社亨有堂印刷所
製　本——小泉製本株式会社

落丁本・乱丁本はおとりかえいたします。
本書のコピー、スキャン、デジタル化等の無断複製は著作権法上での例外を除き禁じられています。本書を代行業者等の第三者に依頼してスキャンやデジタル化することは、いかなる場合も著作権法違反となります。

ISBN978-4-309-24733-5
Printed in Japan

◆河出書房新社　相良敦子の本

モンテッソーリ教育を受けた子どもたち
──幼児の経験と脳

筋道を立てて考えるのが好き、計画を立てて目標を達成しようとする、教え方が上手、人をほめる……。夢を叶えるために、頑張る子に育つと言われるモンテッソーリ教育。1000人のデータからその成果を検証し、「モンテッソーリ教育のどの教育が脳に効いたのか」に迫る。